W0229379

Knaur.

Über die Autorin:
Simone Buchholz, geboren 1972, schreibt als freie Autorin Romane und Sachbücher sowie für Magazine. Sie lebt mit Signor Bruno und dem kleinen Bruno in Hamburg. Die beiden Männer brauchen jeden Tag ein warmes Essen.

SiMONE BUCHHOLZ

PASTA PER DUE

So schmeckt die Liebe

Knaur Taschenbuch Verlag

Besuchen Sie uns im Internet:
www.knaur.de

Originalausgabe Juni 2010
Copyright © 2010 by Knaur Taschenbuch.
Ein Unternehmen der Droemerschen Verlagsanstalt
Th. Knaur Nachf. GmbH & Co. KG, München
Alle Rechte vorbehalten. Das Werk darf – auch teilweise –
nur mit Genehmigung des Verlags wiedergegeben werden.
Umschlaggestaltung: ZERO Werbeagentur, München
Umschlagabbildung: FinePic®, München / Illustration: Jana Bischoff
Satz: Adobe InDesign im Verlag
Druck und Bindung: CPI – Clausen & Bosse, Leck
Printed in Germany
ISBN 978-3-426-78270-5

2 4 5 3 1

Für Domenico

inhalt

143 SECONDI

VORWEG: EINE KLEINE
AUFMERKSAMKEIT DES HAUSES

Es gibt eine Frage, die stellt mir der italienische Mann, mit dem ich zusammenlebe, ziemlich häufig, eigentlich stellt er sie jeden Tag. Die Frage geht mir auf die Nerven. Sie geht mir auf die Nerven, weil sie meistens dann kommt, wenn ich gerade kein Ohr dafür habe, weil ich versuche, zu arbeiten, weil das Wasser läuft, oder weil es gerade erst halb sieben Uhr am Morgen ist. Und trotzdem macht es mich auch glücklich, wenn ich diese nervige Frage höre, weil ich dann jedes Mal aufs Neue begreife, wie gut es uns geht. Weil wir uns haben, ein Dach überm Kopf und einen vollen Kühlschrank.

Die Frage geht so: »Was wollen wir heute essen?«

Im ersten Moment würde ich am liebsten antworten: »Ist doch egal. Mir doch egal. Irgendwas. Was eben da ist. Frag mich doch nicht immer. Ich hab keine Lust, dauernd über Essen nachzudenken. Ist doch nicht so wichtig.«

Aber dann besinne ich mich. Es ist wichtig. Essen ist nicht irgendwas. Essen ist etwas sehr Wertvolles. Ohne Essen ist alles nichts. Und mit dem falschen Essen werden die Menschen krank und eklig. Meine Eltern haben mir das beigebracht, aber ich hatte es vergessen, im Laufe meines Lebens. Ich hatte so viel anderes zu tun. Rauchen, arbeiten, durch die Stadt rennen. Essen war Ersatz-befriedigung geworden oder machte ein schlechtes Gewissen. Sonst war es nichts. Als der italienische Mann in mein Leben kam, erinnerte er mich wieder daran, wie gut es ist, etwas Gutes zu essen zu haben. Nicht, weil er einer von diesen Freizeit-Gourmets war, für die Bio-Essen der neue Porsche ist, und die Kochen plötzlich schicker finden als Golfspielen. Sondern weil Essen und Kochen für ihn eine Art Zentrum darstellen, um das sich das Leben dreht, auf dem jeder einzelne Tag aufbaut. Es gibt ihm Ruhe und Kraft, wenn er weiß, was wir heute essen wollen. Solange das unklar ist, ist er irgendwie hibbelig. Er weiß es mit Haut und Haaren: Essen ist mehr als nur Nahrung. Essen ist ein Anker im Sturm des Alltags.

Und ich begann langsam, mich auch noch an ein paar andere Dinge zu erinnern, die ich aus dem Sinn verloren hatte: dass ich mal eine Familie haben wollte und ein Zuhause, dass ich nicht immer eine Nomadin war.

Außerdem lernte ich die drei Gebote der süditalienischen Küche kennen, um nicht zu sagen *auswendig*: Die Pasta muss knallhart sein (damit man sie auch spürt), die Tomate knallrot (damit man die Sonne schmeckt) und der Kaffee knallsüß (damit man beim Trinken die Augen zumachen kann). Alles andere ist inakzeptabel.

Dieses Buch ist also ausdrücklich dem Mann an meiner Seite gewidmet, denn ohne ihn gäbe es das Buch ja gar nicht. Ohne ihn wäre meine Küche einfach nur eine Küche, mit ihm ist sie ein Ort der Liebe.

Und in genau diesem Moment, jetzt, wo ich hier sitze und das schreibe, an einem trüben Sonntagvormittag im

November, die Stimmung ist mies, weil alle schlecht ge-schlafen haben, wir raunzen uns eigentlich den ganzen Morgen nur an, steht er in der Küche und fragt unseren Sohn:
»Hey, du Spinner, was willst du heute essen?«
Das macht das Hamburger Wetter nicht besser, aber wärmer.

Antipasti

ITALIEN, AMORE MIO

Mein erstes echtes italienisches Eis aß ich in den Sommerferien nach meinem elften Geburtstag. Das weiß ich so genau, weil ich im darauffolgenden Schuljahr in die siebte Klasse kommen sollte. Ab der siebten Klasse war man damals offiziell ein Teenager, und auf diesen Zustand freute ich mich sehr. Die Reise nach Italien war ein Deal gewesen. Meine Eltern hatten mir eine Woche Badeurlaub versprochen, wenn wir vorher eine Woche lang Barockkirchen in Bayern besichtigen würden. Die blutrünstigen Kirchen waren schlimm, und es regnete ununterbrochen. Es war eine düstere Zeit. Aber ich hielt durch. Ich wollte einen Badeurlaub, mit Strand, Luftmatratze und Sonnencreme, wie ein richtiger Teenager. Und nach der gefühlten tausendsten Kirche war es dann endlich so weit:

Wir fuhren über den Brenner.

Die Sonne brach durch.

In der ersten Stadt hinter der Grenze hielten wir an. Wir stiegen aus dem Auto und mein Vater wurde plötzlich ganz aufgeregt.

»Wir sind in Italien!«, rief er. »Wir sind in Italien!«

Und auch wenn wir nur in Südtirol waren, im Grunde also immer noch in Österreich, verstand ich sofort, was er meinte. Die Luft war so viel weicher hier, und die Häuser schienen viel bunter zu sein. Alles wirkte so mild und schmackhaft und lebendig.

Mein Vater sagte, meine Mutter und ich sollten beim Auto bleiben, damit es nicht geklaut wird (»Wir sind in Italien!«), er würde schnell Eis holen gehen. Als er zurückkam, mit sechs Kugeln pastellfarbenem Eis in drei Waffeln, hatte er dieses ganz spezielle Lächeln auf seinem Gesicht, das da nur ist, wenn er seine Sorgen um die Schlechtigkeit der Welt mal für ein paar Minuten vergessen kann. Er gab mir meine Waffel, mit einer Kugel Haselnusseis und einer Kugel Pistazieneis. Und ich erinnere mich noch genau an den Moment, als ich meine Zunge ans Eis hielt, denn der Geschmack und die Konsistenz trafen mich völlig unvorbereitet. Ich aß ja nicht zum ersten Mal Eis, aber ich aß eben zum ersten Mal echtes, italienisches Eis.

Das Eis, das ich gewohnt war, schmeckte labberig und sparsam. Wie bei uns zu Hause in der Eisdiele Venezia, Anfang der 80er Jahre in Südhessen. Dieses Eis, das ich an jenem Tag in der norditalienischen Stadt Vipiteno aß, schmeckte eindeutig nach Haselnuss, nach Pistazie, und vor allem nach Sahne. Italien, so schien mir, war ein fabelhaftes Land.

Sobald ich alt genug war, Geld zu verdienen und alleine zu verreisen, fuhr ich das Land ab. Ich begann im Norden und arbete mich in den Süden vor. Jedes Jahr bekam mein hungriges Herz ein neues Stück Italien, auf dem es dann eine Weile rumkauen konnte. Ich schaffte es bis nach Umbrien. Dann wurden wir unterbrochen, Italien und ich. Ich glaubte nach Frankreich, nach Schottland, nach Arabien und nach Tahiti zu müssen.

Aber dann – plötzlich und unverhofft – landete ich doch wieder an einer italienischen Küste. An der Amalfitana, der Costa Divina. Meine beiden besten Freundinnen und ich brauchten dringend eine Woche Ferien. Schnell und unbürokratisch buchten wir drei Flüge und ein Auto und schon zuckelten wir von Neapel aus Richtung Süden. Wir waren zu dieser Zeit alle drei emotional ziemlich eingefallen, hatten Trennungen und jede Menge Bruchlandungen hinter uns. Und weil unsere dreißigsten Geburtstage nahten, fühlten wir uns auch insgesamt ziemlich abgewohnt. Wir wollten was fürs Selbstbewusstsein tun. Eine Woche Süditalien, wir drei blond, die Italiener italienisch, das sollte doch bitteschön reichen, um uns seelisch und körperlich eine Runde aufzupolieren – dachten wir. Aber es hat nicht ganz so funktioniert, wie wir uns das vorgestellt hatten. Die einzigen Italiener, die uns hinterherpfiffen, waren Kellner über fünfzig. Die jüngeren standen offensichtlich einfach auf jüngere.

Egal, die Woche war trotzdem eine Wucht. Wir aßen jeden Mittag scharfe, rote Miesmuschelsuppe in einem Klippenrestaurant, das immerzu ins Meer zu fallen drohte. Wir saßen nachts lange, lange am Strand und erzählten uns alte Liebesgeschichten. Wir tranken Wein aus Flaschen und badeten nackig und vor Freude quietschend im mondbeschienenen Mittelmeer. Wir hockten im Sonnenuntergang auf eleganten Terrassen und lächelten über die Steilküste hinweg in die Ferne, mit einem bunten Getränk in der Hand. Wir blieben alle naselang mit einem viel zu großen Mietwagen in den verflucht engen Gassen von Ravello, Positano und Praiano kleben und zogen so in schöner Regelmäßigkeit die Wut, die Verzweiflung und den Spott der Einheimischen auf uns. Es war herrlich.

Und am Ende dieser Woche, nach sieben Tagen Miesmuschelsuppe und Sonnenschein, muss es sich wohl tief in mein Inneres eingegraben haben, das, was ich da nicht mehr rauskriegen sollte: Süditalien.

Jahrelang wusste ich nichts davon. Ich hab's einfach nicht bemerkt, dass da was schlummerte. Bis eines Sommernachmittags ein Mann vor mir stand. Mittelgroß, schwarzes Haar, akkurat geschnittene Gesichtszüge, dunkler Anzug, offenes Hemd, unverschämtes Lächeln. Italiener.

»Wo kommst du her?«, hab ich ihn gefragt.

»Puglia«, sagte er.

Puglia, aha. Ich wusste nicht, wo das war. Ich fand, es hörte sich nach Mittelitalien an, es hörte sich so ähnlich an wie: Perugia.

Der Mann lachte mich aus.

»Nein«, sagte er. »Puglia liegt nicht in der Mitte. Puglia liegt ganz unten, ganz tief im Süden. Im Stiefelabsatz.«

In diesem Augenblick überfiel mich ein heftiges Gefühl. Eine hilflose Sympathie für diesen Mann, eine tiefe, eine aufrichtige Zuneigung, gegen die ich mich nicht wehren konnte. Mein Gott, wie ich den mochte. Und ich konnte beim besten Willen nicht sagen, warum. Ich kannte ihn ja kaum.

»In Puglia«, sagte ich, »essen die Leute da gerne Miesmuscheln?«

»Verdammte Scheiße, ja«, sagte er.

So landeten Signor Bruno, Apulien und diese eingebildete italienische Fußballnationalmannschaft in meinem Leben. Endlich.

Zuppa di Cozze (per due)

1 kg *Miesmuscheln* abbürsten und unter fließendem Wasser waschen. Eine frische, rote *Chilischote* der Länge nach halbieren und zusammen mit einer angedrückten *Knoblauchzehe* und einem halben Teelöffel grobem *Meersalz* in einem guten Schwung *Olivenöl* dünsten. Dafür am besten einen großen Topf nehmen. 300 g reife *Tomaten* (oder Tomaten aus der Dose) und ein Glas trockenen *Weißwein* dazugeben und 10 Minuten köcheln lassen. Dann ab in den Topf mit den Muscheln und die Suppe so lange lebhaft kochen lassen, bis sich die Schalen geöffnet haben.

Die Suppe sofort servieren. Sehr lecker dazu: geröstete *Weißbrotscheiben.*

SiE NENNEN UNS »KARTOFFLEN«

Signor Bruno, der Italiener, ist pünktlich, zuverlässig, ordentlich. Er fährt Mercedes und trinkt lieber Bier als Wein.

Ich, die Deutsche, bin unpünktlich, leichtsinnig, und meine Ordnungsliebe ist nur vorgeschoben, um gegen das Chaos in meinem Kopf anzugehen.

Signor Bruno ist cool und ruhig, es braucht eine ganze Menge, um ihn aus der Fassung zu bringen.

Ich bin ziemlich aufbrausend, gestikuliere wild und neige zu Übertreibungen, wenn ich eine Geschichte erzähle.

Signor Bruno sieht in seinen besten Momenten aus wie ein eleganter Mafioso.

Ich wie die Lorelei.

Wir sind lebende Klischees, und zugleich deren Bruch, wie alle Menschen. Es gibt eigentlich keinen guten Grund, von *Deutschen* und *Italienern* zu sprechen, und dann doch wieder hunderte. Das Essen ist nur einer davon.

Ich nenne Signor Bruno und seine Leute *Spaghettis*.

Er nennt mich und meine Leute *Krautnicks*. Oder, noch lieber: *Kartofflen*.

Patate con Prezzemolo (per due)

300 g *Kartoffeln* waschen, schälen und kochen. Die Kartoffeln sollten gar sein, aber bitte nicht weich. Wenn die fertigen Kartoffeln abgegossen sind, eine Marinade aus drei Esslöffeln *Olivenöl,* einem Teelöffel *Zitronensaft,* frisch gemahlenem *Meersalz,* schwarzem *Pfeffer* und fein gehackter *glatter Petersilie* zubereiten. Die noch warmen Kartoffeln in Scheiben schneiden, nebeneinander auf eine Platte legen und mit der Marinade übergießen. Eine gute Stunde ziehen lassen, ab dann kann serviert werden.

DiE iNSEL, DiE CAMORRA, DER VULKAN

Signor Bruno und ich kannten uns erst ein paar Wochen, da sagte er zu mir:
»Fahr mit mir nach Napoli. Bitte.«
Ich war skeptisch. Was sollte ich denn in Neapel? Da gibt's doch nur viel zu große Müllberge, viel zu dicke Pizza und viel zu viel organisiertes Verbrechen.
»Bei Städten bin ich eher der Florenz-Typ«, sagte ich. »Oder Mailand.«
Signor Bruno legte die Hand aufs Herz. »Bitte.«
Ein paar Wochen später saßen wir in einem Flugzeug in Richtung Süden, auf dem Weg zu einem Kompromiss. Vier Tage in der wilden Stadt, okay. Vorher aber auch vier Tage auf einem winzigen Eiland im Golf von Neapel, still, verfallen, rosa.
Der Inselhafen glänzte warm in der Nachmittagssonne, als wir ankamen. Unser Hotelzimmmer, mit einem riesigen Bett vor cremefarbener Wand, mit wehenden, weißen Gardinen vor einer sonnigen Terrasse und einem Blick aufs blitzeblaue Meer schrie uns förmlich entgegen: Liebe! Abends, nach der Liebe, saßen wir auf einer Mauer an der Mole, aßen Schinken und Oliven und heulten den Vollmond an. Ich fand die Insel *entzückend*. Jedoch nur eineinhalb Tage lang, dann wurde mir langweilig.

Signor Bruno registrierte außerdem beunruhigende Entwicklungen in unserem kleinen Paradies: Der Kellner der einzigen geöffneten Pizzeria am Hafen war eine italienische Schmalspur-Ausgabe von Robbie Williams. Und er wurde von den Inselschönheiten angehimmelt, obwohl er sich von irgendeinem verweichlichten Schwachmaten FANTASIE auf seinen Unterarm hatte tätowieren lassen. Sein Laden schien außerdem in Wirklichkeit die einzige Pizzeria am Platz zu sein. Die anderen waren alle zu. Da klebten lediglich Schilder über Türen, aber hinter den Türen passierte absolut nichts. Waren das etwa nur Attrappen? Wenn ja, wozu? Und was war eigentlich mit den Leuten auf dieser Insel los? Kuckten die immer so grimmig? Warum verrammelten die abends ihre Häuser, als würden nachts Monster umgehen? Lag es an der Feuchtigkeit, die im Dunkeln überall reinkroch? Oder lag es an uns?

Hochgradig verdächtig war auch der ehemalige Knast oben auf dem Berg. Der war zwar außer Betrieb, aber nicht geschlossen. Es machte uns überhaupt keine Mühe, da eben mal einzusteigen. Und irgendwas im Innern zog uns so stark an, dass ich Angst bekam und Signor Bruno unter einem fadenscheinigen Vorwand wieder rauslockte. Mir schien, als wäre der alte Hochsicherheitsbau zur Touristenfalle umgebaut worden. Merkt doch keiner, wenn immer mal wieder welche verschwinden, oder? Schmeckt einfach zu gut, die Teutonenbrut.

Fast hätte es die Falle aber gar nicht gebraucht. Wir waren nämlich innerhalb von zwei Tagen ungefähr zwanzigmal um ein Haar überfahren worden. Die Insulaner in ihren Fiats heizten über die Insel, als wäre der Leibhaftige hinter ihnen her. Und alles war wahnsinnig schlecht beleuchtet – die Fiats, die Insel, der Leibhaftige sowieso. Dabei war die Insel doch auf den ersten Blick wirklich wunderschön gewesen. Ich war traurig. Schönheit, die mit Unfreundlichkeit Hand in Hand geht, wird schnell sehr, sehr hässlich.

Ich konnte das aber nicht zugeben. Und ich habe Signor Brunos Beobachtungen von Anfang an bestritten. Obwohl ich die Insel inzwischen auch furchtbar fand und mich langweilte in diesem Kaff, pochte ich nach drei Tagen sogar darauf, noch fünf Tage länger zu bleiben. Alles nur, um *nicht* nach Neapel zu fahren.

Denn ich hatte die Hosen gestrichen voll.

Ein paar Stunden am Tag gab es Fernsehen auf der blöden Insel, und was ich in den Nachrichten sah, war beängstigend: Die Camorra führte Krieg. Weil der und der mehr vom Kuchen haben wollte, und weil diese und jene da aber keinen Bock drauf hatten. Das war vielleicht nur klassisches Gangstergetue, der übliche Mafiaquatsch eben, aber es lag wirklich jeden Tag einer vor einer Kirche oder mit dem Gesicht in der Pizza. Und jede Nacht gab es Schießereien, und zwar nicht mehr nur in den einschlägigen Ghettos am Stadtrand, in denen es sonst immer rummste, sondern mitten in der Altstadt, im Centro Storico, da, wo abends flaniert wurde. Rom schickte sogar Soldaten.

Heute weiß ich, dass sie das immer machen, das mit den Soldaten, und dass das überhaupt nichts zu bedeuten hat, weil sich dadurch sowieso nichts ändert. Aber damals war ich schwer beeindruckt. Von den Soldaten und von der Camorra.

»Ich fahr da nicht hin«, sagte ich, und schloss mich im Badezimmer ein.

Für Signor Bruno muss das ein Schock gewesen sein. Er war verrückt nach Neapel, und er wollte es mir unbedingt zeigen.

»Nein«, sagte er. »Monelli. Bitte.«

Er rief seinen Vater an. Er sabbelte mich irgendwie aus dem Badezimmer raus. Und er schaffte es, mir seinen Vater ans Ohr zu halten, und der fing sofort an, auf mich einzureden. Er redete über Italien und Neapel, über Politik und die Mafia, er sagte, das seien zwar natürlich alles Verbrecher, da müsse man sich nichts vormachen, aber ich müsse keine Angst vor denen haben. Am Ende des Tages seien das doch nur verwöhnte Muttersöhnchen.

Ich kann es mir nicht erklären, aber irgendwie gelang es ihm, mich zu beruhigen.

Also nahmen wir am übernächsten Tag doch die Fähre nach Neapel, ich hatte auch wirklich genug von dieser Insel. Und was soll ich sagen? Zum Teufel mit der Camorra. Neapel war vom ersten Augenblick an meine große italienische Stadtliebe. So viel Herz, so viel bröckelnde Schönheit, so viel Gefühl, so viel Sophia Loren. Und dann dieser Vulkan, der alte Vesuv. Glüht orange und lila in der Abendsonne, weil so viel Dreck in der Luft ist. Könnte jederzeit hochgehen, explodieren, in die Luft fliegen, und dann wäre aber Schluss mit lustig. Mit den schönen Farben am Himmel. Mit dem Gewimmel auf den Straßen. Mit der extraordinären Lebendigkeit, die in Neapel durch jede Ritze kriecht. Dann könnte man sie nicht mehr die Spaccanapoli entlanglaufen sehen, die stöckelnden Damen, mit glitzerndem Modeschmuck behängt. Die eleganten Herren in sensationell sitzenden Anzügen. Die finsteren Eckensteher mit hellblauen Augen, und die Horden von schreienden, lachenden, rennenden Kindern. Und alle haben sie beeindruckend schönes Haar. Schwarz oder schwarzsilber, glänzend und kräftig.

Wahrscheinlich ist es diese Vulkangefahr, auf der Neapel permanent tanzt, die das Lebensgefühl dort so leichtsinnig und gegenwärtig macht. Kein Mensch in Neapel scheint irgendeiner Pflicht nachzujagen, alle scheinen nur aus einem Grund auf der Welt zu sein: Um diese schöne Stadt noch schöner zu machen, solange sie noch steht. Sie mit Leben zu füllen, mit Sprache, mit Bewegung. Die alten, verblichenen Palazzi, die scheinbar wahllos verteilten Palmen und Plätze, das Licht, in dem alles so weich und warm aussieht. Das muss doch voller Leute sein, damit es richtig gut wirkt.

Und immer diese Ahnung, dass es trotz allem irgendwie gutgehen wird. Dass sich hier zwar vielleicht keiner um Gesetze schert, und dass jeder Barista auch ein Camorrista sein könnte, und, ja, dass der Vesuv immer noch unberechenbar ist, aber dass schon niemandem etwas Schlimmes passieren wird. Weil ja die Madonna an jeder Hauswand klebt und gut auf alle aufpasst.

So ist Neapel: nicht niedlich, nicht zart, dafür aber verrückt, laut und so herrlich menschlich.

Unser Mittagessen kauften wir jeden Tag bei Enzo di Pasquale, einem alten Herrn mit einem winzigen Alimentari-Laden in der Via dei Tribunali. Ich nahm immer ein Panino mit Mozzarella. Enzo di Pasquale packte da so viel Mozzarella drauf, dass ich nach dem Panino kaum gehen konnte, aber gleichzeitig packte er auch noch ein sehr neckisches Lächeln dazu, da konnte man nicht ablehnen. Signor Bruno behauptet, Enzo di Pasquale war in uns verliebt. Auf jeden Fall hatte er jedes Mal, wenn wir seinen kleinen Laden verließen, feuchte Augen. Und seine Unterlippe zitterte ein bisschen.

»Pffh«, sagte ich, als wir es zum ersten Mal bemerkten. »Gangster. Das macht der doch nur, damit wir wiederkommen. Sind doch alle gleich, diese Neapolitaner. Na ja. Aber ich mag sie.«

»Nein«, sagte Signor Bruno. »Das meint der ernst. Würde er dich verarschen wollen, würde er's viel dramatischer ausfallen lassen.«

»Oh«, sagte ich. Und bestand darauf, aber auch wirklich jeden verdammten Mittag Mozzarella-Panini bei Enzo di Pasquale zu kaufen. Ich hatte ein schlechtes Gewissen, weil ich so gemein über ihn gedacht hatte. Inzwischen bin ich mir aber nicht mehr sicher: Waren meine Gedanken schäbig, oder steckte Signor Bruno mit Signor di Pasquale unter einer Decke? Haben sich die beiden Italiener vielleicht sofort klammheimlich verbündet und gemeinsame Sache gemacht, um mich dranzukriegen? Nur so zum Spaß?

Signor Bruno und ich streiten immer noch darüber, wenn das Gespräch auf Neapel kommt.

Wie dem auch sei: Ich muss seitdem spätestens alle drei Tage eine Portion Mozzarella essen. Sonst könnte es passieren, dass mir das Neapelgefühl verlorengeht. Die Sehnsucht nach prallem Leben und Bewegung. Das innere Lachen, als würde in meinem Bauch ein Kobold tanzen. Und das leise Puckern in meiner Brust, wenn das Licht mal besonders schön ist.

Mozzarella marinata (per due)

Kuhmilchmozzarella ist meistens enttäuschend. Aber Büffelmozzarella ist leider meistens erschütternd teuer. Man muss als Mozzarellasüchtiger also eine Möglichkeit finden, Kuhmilchmozzarella aufregender zu machen, und das geht so:
Zwei Kugeln *Mozzarella* abtropfen lassen, in dünne Scheiben schneiden und auf einem Teller auslegen. Zwei Esslöffel *Crème fraîche* mit dem Saft einer halben unbehandelten *Zitrone* vermischen. Die Crème auf dem Mozzarella verteilen, so dass er komplett bedeckt ist. Mit frisch geriebenem *Meersalz* und abgeriebener Zitronenschale bestreuen, mit *Olivenöl* beträufeln. Eine milde *rote Peperoni* waschen, in sehr feine Ringe schneiden und auch über den Mozzarella streuen. Das Ganze noch 10 bis 15 Minuten im Kühlschrank ziehen lassen und mit hauchdünn geschnittenem *Parmaschinken* und geröstetem *Weißbrot* servieren.

LOS CATALANOS

In Hamburg findet man nicht so wahnsinnig viele Italiener. Hamburg ist fast italienerfreie Zone. Wenn man hier einen starken Kaffee trinken will, muss man zum Portugiesen gehen. Die meisten Italiener sind nur bis München, Stuttgart oder Frankfurt gekommen, eine ganze Menge ist auch noch im Ruhrgebiet gelandet, aber hier oben im Norden, da gibt es wirklich kaum welche. In Flensburg, an der Grenze zu Dänemark, sieht's italienermäßig noch dünner aus. Das war dann offensichtlich echt zu weit für den großen Treck aus dem Süden.

Ich kenne in Flensburg fünf italienische Familien, vielleicht sind das sogar die einzigen dort:

Die Eltern von Signor Bruno.

Die Köchin Isabella mit ihrem Bruder Giovanni und ihren Söhnen Francesco, Antonio und Ido.

Signor Biasson mit seinem eleganten Mantel.

Den Mann mit der Eisdiele.

Die Catalanos.

Signor Pasquale Catalano und seine Frau Signora Carmela kamen etwa zur gleichen Zeit in den Norden wie die Brunos, und so hielten sie sich ganz schnell aneinander fest. In Flensburg kamen dann die beiden Kinder der Catalanos zur Welt, Nico und Maria. Und auch bei den Brunos kam ein Sohn an. Weil der kleine Signor Bruno keine Geschwister hatte, war Maria für ihn wie eine kleine Schwester (immer süß), Nico wie ein großer Bruder (immer Chef). Maria nennt er heute noch »Mariechen«. Nico heißt eigentlich nur »der Silberrücken, der Dicke, Don Catalano«.

Maria muss man einfach sofort gernhaben, so ein unglaublich großes Herz hat sie. Das strahlt wirklich durch ganz Europa, das Herz von Maria. Nico hat auch ein großes Herz, aber vor allem hat er um das Herz herum einen mächtigen Körper. Wenn Nico einen Raum füllt, denkt man augenblicklich: Oh. Achtung. Der Don.

Carmela und Pasquale sind dann wohl so eine Art Onkel und Tante. Sind eben immer da, geht gar nicht ohne, kennt man gar nicht anders. So saßen Carmela und Pasquale selbstverständlich auch an dem Abend im Wohnzimmer meiner Schwiegereltern, an dem Signor Bruno mich in Flensburg vorstellen wollte. Sie saßen da und warteten, steif wie Broccoli. Es war egal, dass der Zug Verspätung hatte, und dass dann der Anschlusszug weg war. Dass wir insgesamt über drei Stunden zu spät kamen, und dass es dann schon kurz vor Mitternacht war. Dass alle völlig durchgenudelt waren, Signor Bruno und ich von der zähen Fahrt, alle anderen vom Warten. Es war egal. Die Catalanos warteten. Ich kam also in ziemlich verknitterter Stimmung zum ersten Mal in die Wohnung der Brunos, und so wie zusätzliche Möbel saßen da die Catalanos auf zwei Stühlen und kuckten und sagten nichts. Dann sagten sie doch was. Sie sagten »ecco« und »buona sera«, und dann standen sie auf und gingen nach Hause.

»Die wollten dich gerne mal sehen«, sagte Signor Bruno.

»Aha«, sagte ich. »Und warum sind sie so schnell gegangen?«

»Sie wollten dich nur mal sehen.«

Die Familie Catalano ist aus dem Leben von Signor Bruno nicht wegzudenken. Wenn er von früher erzählt, aus der Zeit, als er ein kleiner Junge war, dann sind da immer auch Maria und Nico. Ich mag diese Geschichten besonders gerne, ich fordere sie manchmal ein, wenn wir abends im Bett liegen. Sie sind nichts Besonderes, nur so kleine Begebenheiten mit Planschbecken und Springseilen und Fußbällen und dem Wald und der Ostsee. Aber die Geschichten von Maria und Nico und Signor Bruno wärmen mich irgendwie auf, es funktioniert immer, zu hundert Prozent.

Es gibt ein Kinderbild von den dreien, das mag ich am liebsten. Das Bild wurde in Italien gemacht. Signor Bruno und Maria sind auf dem Bild vielleicht vier Jahre alt, Nico wäre dann so sechs oder sieben. Maria und Signor Bruno halten sich im Arm. Und der große Don steht dahinter und hat seine Hände auf den Schultern seiner kleinen Freunde. Heute wohnt Maria in Brüssel, und Nico ist wirklich ein Silberrücken geworden, aber wenn ich die drei zusammen sehe, die Geschwister Catalano und Signor Bruno, dann sehe ich in ihren Gesichtern immer auch dieses Kinderbild, die gleiche Liebe wie damals, die gleiche Verbundenheit.

Das Bild liegt ungerahmt in unserem großen, alten Schrank, und wir schaffen es einfach nicht, ihm einen ordentlichen Platz zu geben, irgendwie vergessen wir es immer wieder. Das ärgert mich. So ein Bild sollte nicht einfach in einem Schrank rumliegen. So ein Bild sollte man hegen und pflegen und verdammt noch mal rahmen. Oder noch besser: für immer haltbar machen.

In Salz und Öl einlegen, wie Carmela Catalano es mit ihren Peperoncini macht.

 ### Peperoncini alla Carmela Catalano (im Glas)

Frische scharfe *rote Peperoncini* in Ringe schneiden. Dann die Peperoncini in eine Schüssel geben und in reichlich *Meersalz* einlegen. Mit Frischhaltefolie abdecken und 24 Stunden ziehen lassen.

Am nächsten Tag die Peperoncini vom Salz befreien. Zusammen mit zwei ganzen *Knoblauchzehen* und ein paar *Basilikumblättern* in ein gespültes, trockenes Glas mit Schraubverschluss geben. Mit *Olivenöl* aufgießen, bis alles gut bedeckt ist. Ungefähr noch eine gute Woche ziehen lassen. Und fertig ist der perfekte Scharfmacher für Saucen und Salate. Wichtig: Immer darauf achten, dass genug Öl im Glas ist, auch später, sonst können die Peperoncini anfangen zu schimmeln. Aber mit ausreichend Öl bedeckt halten sie ewig.

BLUMEN!

Bevor ich Signor Bruno kennenlernte, dachte ich, Männer sind im Grunde ziemlich dumm. Sie lassen sich auf alle möglichen entwürdigenden Geschichten ein, damit es mit den Frauen klappt: Sie verrenken sich körperlich und geistig, um beeindruckend und imposant zu wirken. Sie geben Anzeigen im Internet auf. Sie versuchen, Frauen zu verstehen. Dabei ist es doch so einfach: Sie müssen einfach nur den Frauen, die ihnen gefallen, Blumen schenken. Wenn eine Frau Blumen bekommt, freut sie sich. (Es sei denn, die Blumen stammen von einem Stalker, aber da möge Gott vor sein.) Ich habe das vielen Männern immer wieder gesagt, ob sie nun Probleme mit mir hatten oder mit anderen Frauen.

»Seid doch nicht blöd«, habe ich gesagt. »Besorgt doch einfach ein paar Blumen.«

Daraufhin habe ich schon die dollsten Sachen gehört.

»Kein Geld.«

»Kein Blumenladen.«

»Och, nee. Blumen. Ich weiß nicht. Wer freut sich denn über einen Blumenstrauß?«

Und da soll man nicht glauben, dass Männer alle Dummköpfe sind? Kein Geld gilt nicht, kein Blumenladen genauso wenig. Ein richtiger Mann wird doch wohl über einen Zaun klettern und ein paar Blümchen klauen können. Eine einzige Rose oder ein Zweig Flieder reicht ja absolut aus. Zu Punkt drei, ich wiederhole es noch mal: Frauen freuen sich über Blumen. Es ist mir ein Rätsel, warum Männer das nicht wahrhaben wollen.

Irgendwann gab ich auf. Ich glaubte nicht mehr daran, dass Männer in der Lage sind, einfache Dinge zu begreifen. Ich hielt die Schnauze und ließ sie in ihr Verderben rennen. Aber dann kam Signor Bruno und zeigte mir, dass ich meinen Glauben zu früh aufgegeben hatte.

Wann genau er mir zum ersten Mal Blumen geschenkt hat, kann ich nicht sagen, ich weiß nur: Es gab keinen besonderen Anlass. Er tat es einfach so. Er kam abends die Treppen hoch, und er hatte neben meinem Lieblingsgrinsen auch noch meine Lieblingsblumen dabei. Das macht er seitdem immer mal wieder. Wenn es ihm in den Sinn kommt, bringt er Blumen mit. Und ich weiß dann: Es gab da heute wohl einen Moment, in dem er an mich gedacht hat. Das stimmt mich froh und milde, und auch wenn ich einen Scheißtag hinter mir habe, ist das plötzlich egal. Ich trete den Tag in die Tonne wie einen Strauß gammeliger Dahlien, und freue mich über meine neuen Blumen.

Dieses für viele Männer unerklärliche Phänomen, dass die Stimmung von Frauen sich allein durch ein paar Blumen aufhellen lässt, weiß Signor Bruno natürlich klug für seine Zwecke zu nutzen.

Wir haben uns morgens gestritten? Uns angepfiffen, dass die Wände wackelten?

Rosen.

Er hat keine Lust mehr, heute Abend noch den Abwasch zu machen, der steht da aber schon ziemlich lange und ist doch nun wirklich sein Job?

Glockenblumen, Margeriten oder Vergissmeinnicht.

Der kleine Bruno hat ausgerechnet in der Nacht zum Samstag einen derartigen Alarm gemacht, dass seine Mamina jetzt auf dem Zahnfleisch durch die Wohnung kriecht, wo sie doch an diesem Abend *einmal* mit ihren Freundinnen ausgehen wollte?

Der Vater drückt dem Sohn auf dem Weg vom Spielplatz nach Hause eine kleine rote Blume in die Hand, was der Sohn sehr lustig findet, und was natürlich hinreißend süß aussieht, wenn er dann so vor der Tür steht. (Diese Gangster halten jetzt schon zusammen wie Pech und Schwefel.)

Der Effekt des Blumenmeers: Ich verzeihe alles. Ich weiß natürlich, dass das billige Tricks sind. Ich weiß, dass ich überlistet werde. Aber das kümmert mich nicht. Das ganze Leben ist ein einziger Trick. Denn ich würde meinen Männern selbstverständlich auch ohne ihre Blumen verzeihen. Aber das weiß nur ich, und ich werde einen Teufel tun und ihnen das sagen. Und deshalb sieht's in unserer Wohnung immer so bunt und blumig aus. Trick. Ich wiederhole: Es kann so einfach sein.

 ## Fiori di Zucchini (per me)

Zwei altbackene **Brötchen** oder ein Stück altes **Weißbrot** in kleine Würfel schneiden, in **Milch** einweichen und ausdrücken. Mit sechs zerdrückten **Anchovis,** einem Esslöffel gehackter **Petersilie** und einem sehr fein gezupften **Mozzarella** vermischen.

Die möglichst fest geschlossenen *Zucchiniblüten* (ca. 100 g) vom Fruchtknoten befreien und mit der Mischung füllen. Die Blüten um die Füllung herum festdrücken und in *Mehl* wenden. Dann in *Öl* frittieren, bis sie goldbraun sind. Auf Küchenkrepp abtropfen lassen, mit *Salz* und *Pfeffer* würzen und sofort servieren.

PADRE PIO UND SEINE KOLLEGEN

Wenn wir in Apulien sind und mit dem Auto von Cisternino aus zum Haus von Onkel Rocco fahren, kommen wir an einem sehr wichtigen Mann vorbei: Padre Pio. Padre Pio ist der apulische Nationalheilige, und er lauert in der südlichen Hälfte Italiens an jeder Ecke. Man sieht ihn wirklich andauernd. Schon nach drei Tagen im Süden hat man das Gefühl, einen neuen Kumpel zu haben. Es ist mit Padre Pio fast so wie mit diesen Leuten, die man andauernd im Fernsehen sieht. Man meint, sie persönlich zu kennen, und grüßt sie, wenn sie einem zufällig auf der Straße begegnen.

Der Pio an der Straße, die zu Onkel Rocco führt, steht hoch oben auf einer Säule. Sein wolliges braunes Priestergewand sieht sehr schön aus, sehr echt, als würde es jeden Moment anfangen, sich im Wind zu bewegen. Auf Pios Gesicht liegt wie immer diese ungewöhnliche Mischung aus Frieden und Kampfgeist. Mit seiner rechten Hand segnet er die Kreuzung, über der er thront. Und wenn man da längs fährt, muss man sich bekreuzigen. Das bringt Glück. Oder andersrum, deshalb bekreuzigen sich brav alle, die über die Kreuzung fahren: Wenn man es nicht tut, könnte das Unglück bringen.

Aber Padre Pio ist auch wirklich ein toller Heiliger. Auf seinen Händen, seinen Füßen und seinem Oberkörper zeigten sich über fünfzig Jahre hinweg die Wundmale Christi. Bei seiner Heiligsprechung reichte nicht mal der gigantische Petersplatz in Rom aus, um all die Leute zu fassen, die dabei sein wollten. Und in seiner riesigen, top-modernen Wallfahrtskirche in San Giovanni Rotondo in Nordapulien vollbringt er Wunder am Fließband.

Ich habe Padre Pio zum ersten Mal in Signor Brunos Schlafzimmer gesehen. Da hing er ziemlich prominent neben dem Bett. In unserer gemeinsamen Wohnung hängt er auch neben dem Bett, aber auf Signor Brunos Seite, über einem Kreuz und einer kleinen Buddhafigur. In der Küche hängt er an unserer Pinnwand. Und am Kühlschrank, direkt neben San Gennaro.

San Gennaro war im 3. und 4. Jahrhundert Bischof von Neapel und ein großer Märtyrer. Während der Christenverfolgung wurde eine Menge schlimmer Sachen mit ihm angestellt – er wurde unter anderem in einen Glutofen geschoben und wilden Tieren zum Fraß vorgeworfen. Aber davon ließ sich Gennaro nicht beeindrucken. Er starb erst, als Kaiser Diokletian ihn enthaupten ließ. Die Legende sagt, bei der Enthauptung hätte eine Frau Gennaros Blut aufgefangen. Dieses Blut wird in trockenem Zustand in einer Ampulle als Reliquie im Dom von Neapel aufbewahrt und zweimal im Jahr, im Mai und im September, mit Hilfe ekstatischer Gebete dazu gebracht, sich zu verflüssigen. Meistens klappt das, dann ist alles gut. Verflüssigt sich das Blut nicht, was durchaus vorkommt, steht Neapel Unheil bevor. Dann drohen Vulkanausbrüche, ein Erdbeben, die Pest. San Gennaro ist ein außerordentlich dramatischer Heiliger.

Ich lerne viel über die Heiligen und deren Gebrauch, seit

ich mit einem Italiener zusammen bin. Meistens finde ich das gut. Denn so wie Italien von seinen Heiligen überzeugt ist, so bin ich davon überzeugt, dass der Mensch auf der Welt ist, um zu lernen. Aber manchmal wird es mir auch ein bisschen viel.

In Mama Brunos Küche zum Beispiel. Da sitze ich auf dem wackeligen Holzstuhl und will ihr einfach nur zuschauen und endlich kapieren, wie genau sie ihren fabelhaften Bohnensalat macht, aber irgendwie fallen mir die ganze Zeit Heilige auf den Kopf. In Mama Brunos Küche sind einfach so *viele*. Padre Pio natürlich, und San Gennaro. Dann die heilige Madonna Mutter Gottes selbstverständlich, und natürlich der Herr Jesus. Dann noch der heilige Christophorus und dieser andere mit dem Jesuskind, das ist, glaube ich, Antonio. Und noch so eine Frau, die ich nicht kenne, ich will aber auch nicht fragen. Das sind sieben heilige Seelen, in einer Flensburger Küche. Da muss man doch ganz rammdösig werden, in Norddeutschland.

Als Signor Bruno und ich zusammen in eine Wohnung gezogen sind, habe ich dann auch ein paar Heilige an meiner Seite des Bettes aufgehängt, zum Ausgleich. Zwei kleine goldene Gipsengel und ein altes Foto vom jungen Johnny Cash.

 ## insalata di Fagiolini con Mortadella (per Pio)

Vier Hände voll junge *grüne Bohnen* waschen, putzen, halbieren und zusammen mit einer Handvoll frischem, gehacktem *Estragon* ein paar Minuten in Salzwasser kochen, die Bohnen sollen auf jeden Fall knackig bleiben. Dressing aus *Olivenöl,* dem Saft einer halben *Zitrone, Meersalz* und *weißem Pfeffer* anrühren. Die Bohnen abgießen und noch warm mit dem Dressing vermischen. Eine Kugel *Mozzarella* fein würfeln und 100 g italienische *Mortadella* in feine Streifen schneiden, die im Idealfall ungefähr die gleiche Länge haben wie die Bohnen. Die Mortadella und den Mozzarella unter den Salat mischen und alles mindestens eine Stunde ziehen lassen. Vor dem Servieren eventuell noch mal mit Salz und Zitrone abschmecken.

FEINKOST BARONI

Erst neulich morgens, als wir unsere Straße entlang-
spazierten und vorne an der Ecke ankamen, sagte Signor Bruno:

»Immer wenn wir hier langgehen, und ich sehe eine Frau
in Rosis Alter, die klein und dünn ist und kurze Haare
hat, denke ich: Das ist Rosi. Aber dann fällt mir wieder
ein, dass Rosi tot ist.«

Rosi ist in dem Sommer gestorben, in dem unser Sohn
geboren wurde. So ist das. Einer kommt, einer geht. Der
kleine Bruno ist ein bisschen früher gekommen als ge-
plant. Rosi ist viel zu früh gegangen. Sie war vielleicht
nicht mehr jung, aber sie war auch noch nicht alt. Sie
war gerade erst drauf und dran, in Rente zu gehen, und
sie betonte immer, wie sehr sie sich darauf freute. Ihr
Laden sollte in ein paar Wochen an einen anderen Päch-
ter übergeben werden, es war alles vorbereitet. Als sie
einfach tot umfiel, hielt Hamburg Sankt Pauli den Atem
an. Wie konnte das nur passieren? Und wie sollte das in
Zukunft gehen, ohne Rosi?

Rosi war in unserem Viertel das, was man eine Institu-
tion nennt. Sie stand bestimmt 25 Jahre lange hinterm
Tresen ihres Feinkostladens, wahrscheinlich aber länger,
und ihre rauchige Stimme wurde Jahr für Jahr rauchiger.
Der Laden war kein Laden, in dem man billig einkaufen

konnte, aber er lief gut. Es soll sogar Zeiten gegeben haben, da standen die Leute bis auf die Straße an, um an Rosis Antipasti und Pesto zu kommen. Das Zeug hat sie immer selbst gemacht, und es hat auch alles sensationell handgemacht geschmeckt. Ihr Laden war der einzige, in dem man hier im Viertel so was kaufen konnte.

Außerdem gab es bei ihr jeden Morgen frisches italienisches Brot mit viel Mehl obendrauf, es gab knallharte neapolitanische Salami, zarten Rosmarinschinken, duftigen Parmaschinken, Büffelmozzarella, Scamorza, Parmigiano und Provolone. Das Lustige an all diesem italienischen Kram war, dass Rosi sich bei ihren Produkten zwar auskannte wie ein Luchs und sie heiß und innig liebte, aber noch nie in ihrem Leben in Italien gewesen war. Dieses Thema bekakelte sie gerne mit Signor Bruno, wenn er bei ihr einkaufte. Sie sagte dann immer: »Wenn ich erst mal in Rente bin, fahre ich nach Italien.«

Wir glaubten ihr das nicht. Denn wir konnten uns wie alle anderen im Viertel nicht vorstellen, dass Rosi ihren Laden jemals wirklich aufgeben würde. Es war einfach undenkbar.

Doch dann kam Signor Bruno eines Dienstagabends vom Kicken nach Hause, setzte sich zu mir an den Küchentisch und sagte: »Schlechte Nachrichten. Rosi macht ihren Laden dicht.«

»Das macht sie nicht«, sagte ich. Ich musste mich setzen.

»Doch«, sagte er. »Das macht sie.«

»Aber wo soll ich denn dann meinen Mozzarella kaufen?«, fragte ich.

»Und wo soll ich meinen Parmigiano kaufen?«, fragte Signor Bruno.

»Wo kaufen wir das rote Pesto?«

»Und wo die neapolitanische Salami?«

Wir saßen am Küchentisch, hielten uns an den Händen fest, und es legte sich tatsächlich so was wie Verzweiflung über unsere Köpfe. Denn es ging nicht nur um Rosis Laden. Es ging um unseren Stadtteil. Mit Rosis Laden würde ein weiteres Stück Geschichte dichtmachen und durch etwas Blödes, Blinkendes ersetzt werden. Der Stadtteil veränderte sich schon seit Jahren nicht zum Guten. Vieles, was mit Geld und Dummheit zu tun hatte, drängte immer mehr hier rein und immer mehr Schönes an den Rand.

»Da kommt dann doch der hundertste beschissene Mobiltelefonshop hin«, sagte Signor Bruno und raufte sich die Haare.

»Oder noch so eine Kack-Cocktail-Bar«, sagte ich.

»Mit Latte-Macchiato-Lounge«, sagte Signor Bruno, nahm die Nase hoch und tat, als wäre er reich und wichtig.

»Das kann Rosi nicht machen«, sagte ich.

Wir schüttelten die Köpfe, gingen ins Bett und träumten schlecht. Ich glaube, in meinem Traum ging es um Zombies mit teuren Frisuren, die unablässig harte, italienische Salami ausspuckten, mit Molotow-Cocktails aus modischen Getränken alte Läden demolierten und so eine Spur der Verwüstung hinterließen. Am nächsten Morgen kam nicht mal die Müllabfuhr und räumte auf. Als wären wir hier komplett alleingelassen worden. Wehrlose Opfer marodierender Banden.

Signor Bruno muss ähnliche Visionen gehabt haben. Denn als wir nach dem Aufwachen schlecht gelaunt unseren Kaffee tranken, sagte er: »Wir sollten nicht nur schimpfen. Wir sollten was unternehmen.«

»Ja«, sagte ich, ohne zu wissen, was genau er unternehmen wollte.

»Wir sollten den Laden weiterführen«, sagte er.

»Oh«, sagte ich. Das war im ersten Moment ein bisschen viel Zukunft am frühen Morgen.

»Im Ernst«, sagte er. »Warum eigentlich nicht?«

Ja. Warum denn eigentlich nicht? Signor Bruno verstand was von Zahlen und wusste, wie man Leuten Sachen verkauft. Und ich müsste in dem Laden nur das tun, was ich sonst in meiner Küche tat: Essen ausgeben. Hm.

»Wann fragst du sie?«

»Morgen, wenn ich meinen Parmigiano kaufe«, sagte er.

Plötzlich waren wir beide sehr aufgeregt. Wir würden vielleicht bald Einzelhändler sein! Ich hab von so was ja schon als kleines Mädchen geträumt. Ein eigener Laden, mit lauter Leckereien. Die Leute satt und glücklich machen. Wir überlegten. Wie würden wir unseren Laden nennen?

»Feinkost Baroni«, sagte Signor Bruno.

Als wir frisch verliebt waren, hat er mich immer so genannt. Baroni. Es gibt einen italienischen Fußballer, der heißt Simone Barone. Ich fand das irre lustig, dass der Typ Simone hieß, aber immer so tat, als wäre er einer von der ganz harten Truppe. Na ja, da haben wir uns eben köstlich drüber amüsiert, als wir frisch verliebt waren. Wie das dann halt so ist, in diesem Zustand. Da freut man sich ja über alles. Und so war ich dann eben die Baroni.

»Klingt schön«, sagte ich. »Feinkost Baroni.«

Ich stellte mir vor, wie das Schild über unserem Laden aussehen müsste. Irgendwie geschwungen, mit ein paar Rüschen dran. Signor Bruno wollte ein altmodisches Sortiment.

»Eigentlich so wie das von Rosi. Ganz klassisch. Aber wir könnten es ein bisschen entstauben. Den ollen Wein raus, das sollen die Fachleute machen. Dafür noch ein paar mehr frische Sachen rein. Obst und Gemüse. Auberginen. Und vielleicht ab und an einen Teller Pasta zu Mittag anbieten, wenn uns danach ist. Aber bloß keinen Coffee-to-go-Scheiß. So was bloß nicht. Wir machen was Ehrliches.«

Er sah sehr geschäftig aus, wie er so durch die Wohnung lief und sein Konzept darlegte.

»So machen wir's«, sagte ich.

Am nächsten Tag sprach er mit Rosi, kam nach Hause und winkte ab.

»Alles halb so wild«, sagte er. »Sie hat sich's überlegt. Sie macht noch ein, zwei Jahre.«

»Ach«, sagte ich. »Ach so.«

Ich war ein bisschen enttäuscht, aber ich war auch erleichtert. Ohne unternehmerisches Risiko im Nacken lebt es sich doch ein ganzes Stück entspannter.

»Aber sie sagt uns Bescheid, wenn sie den Laden abgeben will«, sagte Signor Bruno. »Vielleicht können wir ihn ja dann übernehmen.«

Uns blieben ungefähr eineinhalb Jahre, um von unserem eigenen Laden zu träumen. Von spezieller Salami und besonderem Käse, von Pesto und Antipasti. Dann zerplatzte der Traum an der Realität wie eine Seifenblase an der Kühltheke. Als Rosi uns schließlich sagte, sie würde jetzt bald in Rente gehen wollen, war ich schon so was von schwanger, da ging gar nichts mehr. Auf uns kam ein Berg neues Leben zu. Jobs kündigen und einfach mal was anderes machen kam gerade nicht in Frage.

»Irgendwann kommt ein anderer Laden vorbei«, sagte Signor Bruno, »und den nehmen wir dann.«

Er glaubt da noch heute dran. Und manchmal, wenn wir unsere Straße entlanggehen, glaubt er, Rosi zu sehen.

Funghi marinati (für Rosi)

500 g *Austernpilze* putzen und in einer Pfanne in nicht zu viel *Olivenöl* braten, währenddessen mit *Meersalz* würzen. Die Pilze aus der Pfanne nehmen und auf Küchenkrepp abtropfen lassen. Zwei Esslöffel *Balsamico*, drei angedrückte *Knoblauchzehen*, eine *Chilischote* und einen guten Schuss *Weißwein* zum Olivenöl in die Pfanne geben und 5 Minuten aufkochen. Die Pilze in ein großes, verschließbares Glas geben, die Marinade drübergießen, das Glas verschließen und mindestens 24 Stunden marinieren. Mit frischer, gehackter *Petersilie* servieren.

DEUTSCHE KÜCHE

Signor Bruno *liebt* die deutsche Küche. Er will Rouladen essen, mit dicker brauner Sauce und Kartoffeln. Er will Schollenfisch essen, mit Nordseekrabben und Bratkartoffeln. Er will auch Bratwürste mit Kartoffelsalat. Und er will Eintopf, mit Möhren und Sellerie. Und Schnitzel und Kotelett und Roggenbrot und Currywurst und Hackbraten und überhaupt. Deshalb kommt mir hin und wieder in den Sinn: heute mal deutsche Küche.

»Was meinst du?«, frage ich dann. »Rouladen?«

»Au ja! Rouladen!« Signor Bruno ist kaum zu bändigen, er freut sich und singt vor sich hin. »Rou-la-den, Rou-la-den, Rou-la-den …«

Aber wenn ich dann mit hochgekrempelten Ärmeln in die Küche komme und mit den Rouladen loslegen will, steht er da und schneidet Tomaten in dünne Scheiben und rote Zwiebeln in feine Ringe, und auf dem Tisch stehen feinstes Olivenöl und frisches Basilikum und eine große Schüssel.

»Ich wollte doch Rouladen machen«, sage ich.

»Ja, klar«, sagt er, »ich mach uns nur schnell einen Tomatensalat dazu. Mit oder ohne Basilikum?«

Italiener bleibt Italiener. Da kannst du Rouladen machen, so viel du willst.

insalata di Pomodoro (per italia)

Acht reife *Tomaten* waschen, in dünne Scheiben schneiden und in eine Schüssel geben. Eine *rote Zwiebel* in sehr feine Ringe schneiden und über den Tomaten verteilen. Mit *Olivenöl* beträufeln, salzen und pfeffern (sehr lecker: *Meersalz* und *schwarzen Pfeffer* im Mörser fein zerstoßen) und eine Handvoll *Basilikumblätter* dazugeben. Alles gut durchmischen und frisch servieren.

IM TRULLILAND

Es war an einem rotgoldenen Nachmittag im Oktober, als Signor Bruno mich zum ersten Mal mit zu den Trulli nahm. Wir waren auf einer Tournee durch Apulien, weil ich der Verwandtschaft präsentiert werden sollte. Alles in allem natürlich eine ziemlich aufregende Sache. Jeden Abend saß ich bei anderen fremden Leuten am Tisch und wurde begutachtet, betüdelt, mit Essen vollgestopft.

Nebenbei versuchte ich, so viele Bilder wie möglich in meinem Kopf zu archivieren, damit ich sie mir zu Hause noch mal in Ruhe anschauen konnte: Puglia am Morgen, die Täler mit einem Hauch Nebel verziert. Puglia am Meer, mit Olivenhainen im Rücken. Puglia auf dem Teller, jeden Mittag, danach den dicken, süßen Kaffee in einer schnoddrigen Bar auf der Piazza. Und mittendrin immer Signor Bruno, dessen Gesicht mit jedem Tag, den wir uns ihn Puglia aufhielten, dunkler und italienischer wurde.

So ist das jedes Mal mit ihm. Wir landen in Rom oder Neapel, und von der Sekunde an, in der der Junge italienischen Boden betritt, verändert sich etwas. Statt nervös am Gepäckband zu stehen und auf unsere Koffer zu warten (so wie ich), macht es sich Signor Bruno erst mal auf einer Bank bequem und lernt eine herumfliegende

Gazetta dello Sport auswendig. Außerdem wird nur noch auf Italienisch geflucht, der Kaffee wird noch stärker, noch süßer, noch häufiger und noch schneller getrunken als zu Hause, und bei jedem zweiten Satz schieben sich die Schultern nach oben und das Kinn nach vorne.

Es ist als würde sich Signor Brunos südliches Blut durch die plötzliche Zufuhr von Sonne, Sommer und italienischen Geräuschen daran erinnern, wo es ursprünglich herkommt, und daraufhin in Wallung geraten. Als würde sein Blut alle Knöpfe auf die höchste Stufe drehen. Ja, es ist wirklich so. Als würde da etwas in seinem tiefen Inneren versuchen, den Mann mit dem Flensburger Akzent innerhalb kürzester Zeit zum Pugliesen zu machen. Als wäre Puglia ein unvollendetes Puzzle, das händeringend seine fehlenden Teile sucht. Und kommt dann ein Stück Mensch daher, das passen könnte, wird dieses Stück sofort assimiliert.

Wie dem auch sei. Wir beide also auf dem Weg zu den Trulli, in denen Signor Brunos Mama aufgewachsen ist. Dorthin, wo das aufgewühlte Blut herkommt. Wo das Puzzleteil zum Puzzle passt wie Arsch auf Eimer. Trulli sind so was Ähnliches wie kleine Bauernhäuser. Sie sind rund, sie sind weiß gekalkt, sie haben lustige Kegeldächer mit einer weißen Kugel obendrauf, und sie stehen meistens in Dreier- bis Fünfergruppen zusammen. Trulli waren bis vor wenigen Jahrzehnten noch die klassische apulische Arme-Leute-Behausung. Arabisch anmutende Miniatur-Bauernhöfe. Mama, Papa, Esel, Hühner und eine Fußballmannschaft voller Kinder.

Auf dem Stückchen Land, das zu den Trulli gehörte, konnte man Gemüse, Wein, Oliven- und Feigenbäume anbauen. Es war nicht besonders komfortabel in den Trulli, ohne Heizung und ohne Bad. Aber es war vermutlich ziemlich heimelig, die ganze Familie dicht an dicht. Hielt im Winter warm, und im Sommer, wenn das Leben auf dem kleinen Platz vor den Trulli stattfand, brauchte es nur noch einen läppischen Nachbarn, und sofort hatte man eine Festgesellschaft zusammen.

Heute sind die meisten Trulli renoviert und zu schicken Ferienhäuschen umfunktioniert. Das macht absolut Sinn. Die winzigen Dinger sind einfach zu hübsch, um das nicht zu tun. Die Trulli von Signor Brunos Familie werden nicht vermietet. Sie sind auch nur ein ganz kleines bisschen renoviert. Im ehemaligen Stall ist jetzt ein mehr oder weniger funktionstüchtiges Bad eingebaut. Das kleine Anwesen gehört Antonio, dem jüngsten Sohn von Mama Brunos ältester Schwester Cosima.

Als wir kamen, stand das Tor zu den Trulli einen Spalt offen. Wir schoben uns durch und betraten das Grundstück, und Signor Bruno fing an, eine feierliche Atmosphäre zu verbreiten. Das hier war die Wiege seiner Familie, das war der Ort seiner Kindheit. Diese Trulli waren für ihn das Zentrum von Italien, das Herz von Puglia, die Essenz seiner Herkunft.

All das konnte ich spüren, als wir langsam den gekieselten Weg vom Tor zum Vorplatz der Trulli entlangliefen. Man muss sich das jetzt ein bisschen vorstellen wie in einer dieser Traumsequenzen, in denen alles stimmt, und die man so selten träumt, weil sie wirklich schön sind, so langsam und ruhig. Das Licht: rotgolden. Die Temperatur: um die 23 Grad. Die Luft: geschmeidig windstill. Überhaupt: Stille. Bis auf die klopfenden Herzen unter unseren Rippen und dem feinen Kies unter unseren Füßen war nichts zu hören.

Direkt vor uns stand ein Olivenbaum, ein majestätischer, hundert Jahre alter Apparat. Und um uns herum stand eine niedrige Mauer aus alten, grauen Steinen. Hinter dieser Mauer hatte Papa Bruno einst unbemerkt einen ersten Kuss von der damals noch sehr jungen Mama Bruno gestohlen. Rechts von uns lag eine Art Terrasse, mit einem Steinofen für Brot und einer Pergola, beschattet von Weinlaub. An der Pergola waren Peperoncini zum Trocknen aufgehängt, wahrscheinlich von Antonio. Noch weiter rechts, Richtung Straße, stand eine Kaktusfeige, so groß wie ein Elefant. Und zwischen der Kaktusfeige und der Terrasse standen die Trulli, drei Stück.

»In dem da haben die Kinder geschlafen«, sagte Signor Bruno und blieb vor dem kleinsten der drei Eingänge stehen. »In dem einen Bett die Mädchen, im anderen die Jungs.«

Dann nahm er meine Hand, wir setzten uns auf eine kleine, weiße Mauer, eine Art Bank an der warmen Trulliwand, und kuckten. Über unseren Köpfen hingen die schweren, rosalila Blüten einer alten Bougainvillea. Und da drüben, am anderen Ende des Grundstücks stand ein knorriger, uralter Kapernstrauch, warf seine Blütenblätter ab und erzählte Geschichten von früher.

»Was ist das denn?«, fragte ich.

»Ein Kapernstrauch«, sagte Signor Bruno. »Wieso?«

»Er erzählt Geschichten«, sagte ich.

»Na und?«, sagte Signor Bruno. »Machen doch alle so, wenn sie älter werden, oder?«

Ach so.

 ## Mozzarella di Bufala con Capperi (per due)

Zwei große, reife *Tomaten* in Scheiben schneiden und auf einem Teller auslegen. Zwei Kugeln *Büffelmozzarella* in große Stücke pflücken und auf die Tomaten betten. Allerbestes, goldenes *Olivenöl* darüberträufeln. Eine Handvoll möglichst kleine, *eingesalzene Kapern* abwaschen, in einem Tuch trocken tupfen und über dem Mozzarella verteilen. Bombe.

DiE GROSSE KRiSE

Manchmal, so alle paar Wochen, findet Signor Bruno sich zu dick. Dann steht er in Unterhemd und Nadelstreifenhose am Fenster, lässt das Tageslicht auf seinen Körper fallen, streckt den Bauch raus und schüttelt den Kopf.

»Schrecklich«, sagt er dann, »das ist wirklich schrecklich, Monelli.«

Das stimmt natürlich nicht. Das ist nicht mal ansatzweise schrecklich. Es ist sogar ziemlich schwer, den Bauch überhaupt zu erkennen, der angeblich so schrecklich ist. Gut, Signor Bruno ist keine Siebenundzwanzig mehr, und er hat auch nicht mehr den Körper, den er mit Siebenundzwanzig hatte. Aber wenn ich mir vorstelle, er hätte den noch, dann müsste ich ja sofort und für immer aufhören zu essen, und ich müsste unsere Wohnung mit dunklen Säcken verhängen, denn ich bin auch schon seit über zehn Jahren keine Siebenundzwanzig mehr. Und, ja, ich habe in den letzten zehn Jahren weder jeden Tag Sport gemacht, noch eisenhart Diät gehalten, noch mich von teuren Ärzten operieren lassen. Ich hatte ein Leben, und das sieht man.

Das Problem ist aber auch gar nicht der Bauch. Das Problem ist, dass Signor Bruno sich nur schwer damit abfinden kann, dass auch italienische Männer älter werden.

Manche sogar über vierzig. Vierzig plus zwei, um genau zu sein, jawohl, und die silbernen Fäden im schwarzen Haar haben sich im letzten Jahr vervielfacht. Er geht auch nicht mehr jeden Dienstag Fußballspielen und nicht mehr dreimal in der Woche Laufen. Das Knie tut so weh, und manchmal auch die Hüfte. Vor ein paar Jahren hat Signor Bruno noch ernsthaft daran geglaubt, bald wieder in die alten, schmalen Anzüge zu passen, die sein Vater getragen hat, als er damals vor dem Hunger und dem Elend in Süditalien nach Deutschland geflohen war.

Heute glaubt er das nicht mehr.

Manchmal glaubt er sogar nicht mal mehr daran, dass Italien noch mal Weltmeister wird.

Kurz: Signor Bruno befindet sich in einer Krise. In einer klassischen Midlife-Krise. Falls es noch irgendeines Zeichens bedarf: Der Wunsch nach einem Alfa-Romeo-Sportwagen wird größer, und er wird immer heftiger geäußert.

Aber Signor Bruno hat auch eine beneidenswert gute Taktik, mit kleinen Krisen umzugehen. Er nimmt es einfach locker. Hat er einen unerfreulichen Tag hinter sich, legt er sich ins Bett und liest ein dickes Buch über den Ersten Weltkrieg oder über Leonardo da Vinci oder über den Untergang von Rom. Große Ereignisse machen die eigenen Probleme klein. Hat er eine düstere Nacht mit fiesen Träumen hinter sich, kocht er sie in einer vierzig Grad heißen Dusche ab, und spätestens nach dem dritten Schluck Kaffee singt er leise vor sich hin, denn Kaffee hilft gegen alles. Und seit er offensichtlich diese Angst vor dem Älterwerden hat, stellt er sich dem Alter. Redet immer häufiger vom Leben auf dem Land, und wenn es auf der Couch gerade so richtig gemütlich ist und draußen auf Sankt Pauli das Leben tobt und wir eigentlich ganz unruhig werden müssten, weil wir nicht dabei sind, lächelt er wohlig und sagt: »Ach, Monelli. Ich könnte jetzt gut mit dir in Rente gehen. Ich dann schön im Schaukelstuhl, schön schwerhörig, bisschen was lesen, und du bei den Rosen im Garten.«

»Nur«, sage ich dann, »wenn ich dazu einen großen Hut mit Ornamenten drauf tragen darf, ohne dass du mich auslachst.«

»Hauptsache, wir sind dann nicht so dicke, alte Leute, Monelli.«

Stirnrunzeln. Die Krise. Da ist sie wieder.

»Dagegen kann man was tun«, sage ich dann immer.

Fragezeichen.

»Pasta?«

»Salat«, sage ich.

»Madonna.«

Wenn er sich wie ein armer Esel in sein Schicksal fügt, sieht er eigentlich immer am allerlustigsten aus.

insalata quaranta (anti aging per due)

Einen kleinen Kopf knackigen **Blattsalat** waschen, trocknen und in mundgerechte Stücke schneiden. Einen halben Kopf **Radicchio** waschen und in feine Streifen schneiden. Vier reife, rote **Tomaten** waschen und achteln. Eine Kugel **Mozzarella** in kleine Stücke zupfen. Alles in eine große Schüssel geben. Dann noch irgendwelche kleinen Früchte dazu, schön ist es, wenn sie rot sind, einigermaßen süß sollten sie auch sein, vor allem aber fest und glatt und saftig. *Granatapfelkerne* oder *Johannisbeeren* wären ideal, gibt's aber nicht immer. *Dunkle Weintrauben* (halbiert) sind auch sehr schick.

Sechs Scheiben *rohen, italienischen Schinken* in Stücke zupfen und bei mittlerer Hitze in einer Pfanne knusprig braten.

Fürs Dressing einen Teelöffel *Senf,* einen halben Teelöffel *flüssigen Honig,* einen guten Schuss *Olivenöl, Salz* und *Pfeffer* verrühren, bis man eine schöne, glatte Vinaigrette hat. Eine halbe *rote Zwiebel* in feine Ringe schneiden und zum Dressing geben. Den Salat damit begießen und alles gut vermischen, das Ganze mit dem Schinken bedecken und noch ein paar Blätter *Basilikum* drüberstreuen.

Macht nicht schlanker und auch nicht jünger, verbessert aber die Laune.

SCHNITTCHEN?

Seit der kleine Bruno auf der Welt ist, gibt es immer wieder Tage, an denen Signor Bruno und ich abends gegen halb acht in einen komatösen Zustand fallen. Dann liegt die Rakete endlich ohnmächtig im Bett, und in uns erlischt jegliches Feuer. Das kommt besonders häufig an Samstagen vor. In Samstage versucht man ja immer viel zu viel reinzustopfen: Haushalt, Wocheneinkäufe, Freunde, Spielplätze, Ausflüge, Abenteuer. Und wenn man dann auch noch den kleinen Bruno (aka Rakete) dabeihat, weiß man am Abend aber wirklich, was man getan hat. Die Rettung: auf die Couch, Füße hoch, Glotze an, Schnittchenteller.

Ich wäre da ja mit einer Käsestulle und einem Schinkenbrot zufrieden, vielleicht noch ein Gürkchen dazu. Signor Bruno findet das aber extrem unbefriedigend. Einmal, als ich es wagte, mit so einem klassischen Brotzeitdings ins Wohnzimmer zu schneien, hat er die Schnittchen zwar verdrückt, aber nur unter zähem Protest. Seine Mundwinkel blieben während des ganzen Abends demonstrativ nach unten gezogen. Ich musste mir zur Strafe Dokumentationen über den U-Boot-Krieg im Atlantik anschauen.

Seitdem macht er die Schnittchen.

Und, ja, ich gebe es zu: Es schmeckt besser so.

# Crostini con Pomodori, Mozzarella e Prosciutto (auch bei schlechtem Fernsehprogramm)

Eine Handvoll *Kirschtomaten* würfeln, zwei Kugeln *Mozzarella* fein zupfen, eine frische *Chilischote* hacken, ein paar Blätter *Basilikum* in Streifen schneiden und alles vermischen.

Ein *Ciabatta* in ungefähr 1 cm dicke Scheiben schneiden und mit ein bisschen *Olivenöl* in der Pfanne goldbraun rösten. Die Brote rausnehmen, die ölige Seite mit frisch gemahlenem *Meersalz* und *Pfeffer* bestreuen und mit in Stückchen gezupftem *Parmaschinken* belegen. Die Tomaten-Mozzarella-Mischung auf den Broten plazieren und mit Olivenöl beträufeln. Glotze an!

HELD iN RENTE

Es heißt ja immer: Sieh dir den Vater an, dann weißt du, wie dein Mann wirklich ist. Wenn das stimmt, bin ich offensichtlich mit Superman zusammen. Denn Papa Bruno kann einfach alles.

Erst mal war er als junger Typ der wahrscheinlich schickste Feger in ganz Cisternino. Er trug die Haare schwarz und dick und glänzend, und er fuhr auf einem schnellen Motorrad durch die Gegend. Bevor er nach Flensburg ausgewandert ist, versuchte er eine Zeitlang, sein Glück in Turin zu finden. Dort, in der Fiatstadt, lernte er, wie man Häuser baut und Autos repariert, wie man sich in der Fremde zurechtfindet, wie man sich selbst was zu essen kocht, und wie man Berge von Pasta mit sahniger Sauce vertilgt und trotzdem auf immer ein Hungerhaken bleibt. Papa Bruno ist nicht in Turin geblieben, irgendwas hat da nicht gestimmt. Er ist zurück nach Puglia gegangen und hat Mama Bruno geheiratet, dann haben sie allen Mut zusammengenommen und sich nach Norddeutschland abgesetzt.

Dort in der Garage in Flensburg steht heute kein Motorrad mehr. Da stehen ein schicker, dunkelroter Fiat Coupé und ein alter Fiat Chroma, wobei der Chroma da nur zum Liebhaben steht. Für die Seele. Er hat gar kein Nummernschild, und ich glaube, er hat nicht mal mehr einen

Motor. Aber, ich schwöre: Papa Bruno könnte aus einem Sack Mehl und einer Haarnadel irgendwas zusammenschrauben, und der Fiat würde wieder laufen. Außerdem ist es ihm ein Leichtes, mit ein bisschen Sekundenkleber Wohnungen zu isolieren, mit einem Schraubenzieher Türen zu versetzen oder mit einem Föhn Leitungen unter Putz zu legen. Nebenbei ist er in der Lage, jeden x-beliebigen Celentano-Song zu singen und zu trommeln, hausgemachte Pasta zu fabrizieren und mit seinen albernen Späßen Legionen von Kindern glücklich zu machen.

Man sieht Papa Bruno das alles auf den ersten Blick nicht an. Er ist klein, schmal, und er geht leicht gebückt. Sein graues, leicht welliges Haar liegt in einem ordentlichen Seitenscheitel am Kopf, und er trägt unauffällige Blousons oder Übergangsjacken. Doch wenn er sich unbeobachtet fühlt, wenn er am Herd steht, vor sich hinsummt und eine seiner gefürchteten Peperonatas (scharf, schnell, und in jedem Care-Paket dabei) zubereitet, dann kann der feinfühlige Beobachter leicht erkennen, was sich hinter der bürgerlichen Maskerade des braven Rentners verbirgt: eine Seele voller reifer Tomaten, ein Herz aus Blaumann, die Kraft der apulischen Steppe. Genau der Typ Mann, den man im Notfall anruft.

Peperonata alla Bruno (per Stefano)

Eine Handvoll *scharfe und milde Peperoncini* (ein paar rote, ein paar grüne) in etwas dickere Ringe schneiden und zusammen mit einer angedrückten *Knoblauchzehe,* einer gewürfelten *To-mate,* einer gewürfelten *roten Paprika* und ein bisschen *Meersalz* so lange in *Olivenöl* köcheln lassen, bis eine cremige Masse entstanden ist. Am Ende für einige Minuten noch ein paar Blätter *Basilikum* in der Peperonata zergehen lassen und mit Olivenöl und Meersalz abschmecken. Muss dann unbedingt auf hartem Brot von letzter Woche gegessen werden, sonst kuckt der alte Herr grimmig.

HEIMWEH

Bei mir wäre es Grießbrei. Bei meiner besten Freundin grüne Bohnen aus dem Garten ihres Vaters. Bei meinem Vater wiederum zwei leicht verbrannte Nürnberger Bratwürstchen mit Senf, in ein weiches Brötchen eingezwickt. Und wenn man Signor Bruno fragen würde, welches Essen ihn sofort und direkt mit seiner Mutter verbindet, wie eine Art Nabelschnur, die ein warmes, gemütliches, sattes Gefühl in den Bauch bringt, dann würde er sagen: »Polpette.«

Polpette sind kleine Bällchen, klassisch aus Hackfleisch. Polpette, so wie Signor Bruno sie sich erträumt, sind vegetarisch, das Fleisch wird durch altes Brot ersetzt. Angeblich gibt's das so nur in Apulien und im Grunde auch nur bei seiner Mama.

Bis ich mich an Polpette rangetraut habe, sind glatte zwei Jahre vergangen. Und, na ja. Sie sind okay. Ich habe ja das Rezept von meiner Schwiegermutter. Ich verwende genau die gleichen Zutaten. Ich lege auch sehr viel Liebe in die Polpette. Aber natürlich schmecken meine Polpette nicht ansatzweise so, wie die Polpette schmecken, wenn Mama Bruno sie macht. Man könnte jetzt sagen: Ich verwende ja auch nicht so viel Öl wie sie, denn ich versuche das Gericht etwas moderner zu interpretieren. Das ist aber totaler Blödsinn. Auch mein Grießbrei wird nie so unglaublich weich und zart süß schmecken, wie er schmeckt, wenn meine Mutter ihn macht. Das ist so, bei diesen Mütterleibspeisen. Da schwingt das ganze Leben mit. Da schmeckt man das, was die Mutter ist.

Die klassischen Müttergerichte sind ja meistens Arme-Leute-Essen. Meine Mutter zum Beispiel ist 1938 geboren, sie hat als kleines Mädchen den Krieg erlebt, im von Bomben geschüttelten Hamburg. Grießbrei war da wie ein warmer Ofen, wenn man die Nacht mal wieder im Bunker hatte verbringen müssen. Oder wenn am Haus das Dach fehlte. Später, als meine Mutter als junge Frau in ihrer Ein-Zimmer-Wohnung in einer fremden Stadt in Süddeutschland lebte, schmeckte Grießbrei dann nicht nur nach Zuhause, sondern war auch schön billig. Und dass Mama Bruno ihre Polpette mit altem Brot macht statt mit Fleisch, ergibt natürlich Sinn. Sie und ihr Mann sind ja nicht aus Jux und Dollerei vom warmen Süditalien ins kalte Flensburg gezogen. Die waren einfach bitterarm. In Apulien gab es zu der Zeit keine Jobs, dafür aber viel Hunger. Niemand wäre auf die Idee gekommen, Brot wegzuschmeißen, nur weil es alt und trocken ist. Besser: so tun als wäre es Fleisch und Hackbällchen draus machen.

In den ersten Jahren in Flensburg war die Familie dann immer noch ziemlich arm, in einer Fischfabrik verdient man nicht viel Geld. Die Arbeit war hart, der Himmel war dunkel, und die Abende waren einsam, weil es ja draußen keine Piazza gab, auf der man flanieren konnte. Und dann immer dieser Regen. So blieb man eben abends am Küchentisch sitzen und versuchte, sich aus dem Wenigen, was da war, was Feines zu kochen. Altes

Brot gab's immer. Eier und Petersilie hatte man sogar im Deutschland der 60er Jahre vorrätig. Ein Wagenrad Parmigiano, Olivenöl und eingesalzene Kapern waren im Sommer mit dem alten Fiat aus der Heimat importiert worden (sechsunddreißig Stunden Fahrt, einfach). Voilà. Polpette.

Der Rest war dann ganz einfach: Augen zumachen, reinbeißen, zu Hause sein. Aus einem kleinen Stück gebratenem alten Brot kroch ein ganzer Landstrich auf die Zunge. Puglia, mit seinen Olivenhainen, Kapernsträuchern und Kaktusfeigen, mit seinen bunten Blumen und den schmiedeeisernen Balkonen an den kleinen, weißen Häusern, mit den Eseln in den Gassen und mit dem Dialekt des Südens, der immer wie ein Lied klingt. So muss es gewesen sein. Und Mama Bruno fror nicht so sehr in ihrer Küche in Flensburg, wenn sie Polpette machte. Dann hatte sie vielleicht ein bisschen das Gefühl, vor dem Haus ihrer Eltern zu sitzen, der kleinen weißen Trulli-Ansammlung mit der riesigen rosa Bougainvillea, mit der Zisterne im Hof und mit dem Duft von Heimat in der Nase.

Es gab oft Polpette, als Signor Bruno ein kleiner Junge war. Und wenn er heute seine Eltern besucht und seine Mutter ihn fragt, was er essen will, gibt's nur eine mögliche Antwort.

Polpette alla Lucia
(per il figlio e la sua ragazza)

Ein ein paar Tage altes, trockenes halbes *Weißbrot* (oder zwei bis drei Brötchen) in kaltem Wasser einweichen, bis das Brot zerfällt, eine Stunde sollte reichen. Das Wasser abgießen und das Brot ausdrücken, bis man eine Art Teig hat. Mit einer guten Handvoll geriebenem *Parmigiano,* einer halben Handvoll gehackten *Kapern,* zwei *Eiern* und frischer, sehr klein gehackter *Petersilie* verkneten, bis man einen richtig schönen Teig hat. Der Teig darf ziemlich nass und weich sein. Mit *Salz* und *Pfeffer* abschmecken und mit den Händen kleine Bällchen formen. In einem kleinen Topf reichlich *Olivenöl* erhitzen. Darin die Polpette in kleinen Grüppchen von allen Seiten goldbraun braten. Auf Küchenkrepp abtropfen lassen.

Kann man jetzt einfach so wegnaschen, als hübsche Vorspeise. Und mit einem großen grünen Salat wird eine Hauptspeise draus. Mama Bruno besteht aber darauf, dass die Polpette am besten auf einem Teller Spaghetti mit roter, scharfer Sauce schmecken.

Primi

WENN iCH NiCHT MiNDESTENS EiNMAL iN DER WOCHE PASTA ESSE, WiRD MiR SCHWiNDELiG

Es kommt immer darauf an. Es hängt einfach davon ab, wie die Woche war. Wenn Signor Bruno viel gearbeitet hat und nicht ausreichend Himmel sehen konnte, wenn das Kind uns letzte Nacht nicht hat schlafen lassen, und wenn Signor Bruno vielleicht sogar am Samstag Biertrinken war, dann ist er am Sonntagabend im Wohnzimmer, während ich in der Küche bin und ein warmes Essen für uns zubereite. Dann liegt er auf dem Sofa, sieht sich auf Videotext die Ergebnisse der italienischen Liga an, verflucht den AC Milan und freut sich für Juve, Napoli und Livorno und sagt immer wieder: »Im Liegen geht's, Herr Doktor. Im Liegen geht's.«

Wenn ich eine harte Woche hatte, wenn das Kind uns letzte Nacht nicht hat schlafen lassen und wenn ich vielleicht sogar am Samstag ein Bier trinken war, liege ich am Sonntagabend im Wohnzimmer, und Signor Bruno ist in der Küche.

Mir ist beides recht. Wenn er liegen muss, kann ich Deutschlandfunk hören. Und wenn ich liegen muss, gibt's eben italienische Welle. Dann läuft Signor Bruno beim Kochen ständig zwischen Küche und Wohnzimmer hin und her und sendet das immer gleiche Programm:

»Wenn ich nicht mindestens einmal pro Woche Pasta esse, wird mir ganz schwindelig.«

»Was meinst du, ist die Pastassauce rot/scharf/dick genug?«

»Wie lange sind die Nudeln schon im Wasser?«

»Haben wir noch mehr Tomaten da, falls was schiefgeht mit der Sauce?«

Dazu muss man wissen: Italiener ist nicht gleich Italiener. Italiener, die nördlich von Rom zu Hause sind, akzeptieren ihre Pasta auch etwas weicher als knochenhart und dazu auch andere Saucen als solche aus Tomaten. Und sie essen überhaupt auch mal etwas anderes als Pasta, Risotto zum Beispiel. Außerdem sind sie in der Regel groß und gestriegelt und Europäer, sie sind wie Luca Toni. Signor Bruno kommt ja aus dem Süden, aus Puglia, das ist da, wo der Stiefel seinen Absatz hat. Da wohnen keine Europäer. Da ist man zwei Stunden südlich von Neapel, da trägt man das Haar pechschwarz und struppig-lockig, da ist man mit eins achtzig ein Riese, da hält man Venezianer für Österreicher und sich selbst für eine geprügelte Minderheit.

Ich würde übrigens nie wagen, das zu behaupten, wenn mir nicht immer wieder alle Süditaliener, die ich kennengelernt habe, das genau so auf die Nase gebunden hätten. »Wi sindä niekte Italiani, wi sindä Pugliese/Napoletan/Kalabrese/Siciliani. Wi sindä Terrone.«

Terrone ist ein sehr unfreundliches Wort. Es bedeutet so viel wie: Erdfresser. Das ist natürlich eine Unverschämtheit, denn die süditalienische Küche ist eine Sensation. Fein, pikant, raffiniert. Leider nur waren die Menschen in Süditalien bis vor wenigen Jahrzehnten so arm, dass ihnen wahrscheinlich wirklich nicht viel anderes übrig blieb, als Erde zu fressen. Heute haben sie zu essen im Süden. Aber Arbeit, Hoffnung und Vertrauen in die Regierung in Rom hatten sie früher nicht und haben sie immer noch nicht. Vertrauenswürdig sind lediglich: die Mama, die Madonna, die anderen Heiligen, die Tomate. Und die Sonne.

Die wird vor allem wichtig für die, die nicht mehr zu Hause sind und in der Fremde leben müssen. In Hamburg etwa. Und auch wenn Signor Bruno gerne so tut, als wäre nichts, man sieht es ihm doch manchmal an, das kommt dann ganz plötzlich: Oh weh, da droht eine Verschattung. Da werden die Augen ganz müde. Gerade, wenn die Woche hart war und die Nacht kurz.

Da hilft dann nur eins: Man muss die Sonne in den Topf packen, mit Tomaten und Peperoncini und Olivenöl, und dann muss man sie lange kochen, die Sonne, damit man sie essen kann. Ich versuche immer wieder genau das für ihn zu tun, wenn ich sonntags dran bin mit Kochen. Ich glaube einfach, dass das wichtig ist, wenn die apulische Seele gesund bleiben soll.

Wenn Signor Bruno mit Kochen dran ist, muss man nicht groß auf die Sonne achten. Die kommt dann ganz von selbst.

 **Spaghetti all'arrabiata
(per Signor Bruno)**

Eine kleine *Zwiebel* und frische *rote Peperoncini* (erst mal mit einer anfangen, dann steigern) in Ringe schneiden, zwei *Knoblauchzehen* abziehen und andrücken, in einem Topf mit ordentlich *Olivenöl,* ein klein bisschen *Meersalz* und frisch gemahlenem *Pfeffer* auf mittlerer Hitze brutzeln, bis alles schön glasig ist. Dabei gut aufpassen, dass der Knoblauch nicht verbrennt, sonst wird's bitter. Eine Handvoll *getrocknete Tomaten* in feine Streifen schneiden und ein paar Minuten mitbrutzeln. 400 g *Tomaten aus der Dose* (im Winter) oder acht halbierte frische *Tomaten* (im Sommer) in den Topf geben und auf eher niedriger Hitze 30 bis 40 Minuten köcheln lassen (je länger, je lieber), zwischendurch immer mal umrühren.

Das Wasser aufsetzen und heftig salzen (Signor Bruno nimmt immer eine ganze Handvoll, das ist zwar ungesund, schmeckt aber besser, sagt er). 300 g *Spaghetti* im sprudelnden Wasser kochen, dabei eisenhart auf die Kochzeit achten, und die geht so: grundsätzlich 1 Minute von dem abziehen, was auf der Packung steht. Sonst ist die Pasta matschig und ganz Süditalien beleidigt. Die Pasta also abgießen, wenn sie noch richtig bissfest ist. Dabei darf ruhig ein bisschen Nudelwasser im Topf bleiben, das bindet die Sauce und macht sie cremig. Die Pasta mit einem Teil der Tomatensauce vermischen, bis alles schön geschmeidig ist und eine satte, rote Farbe bekommt. Dann die Nudeln auf den Tellern verteilen, den Rest der Sauce auch, ein bisschen frische *Petersilie* hacken und die Pasta damit bestreuen, *Parmigiano* auf den Tisch stellen – basta.

Ein Gott aus Mehl

Manchmal denke ich, dass tief im Inneren der Pasta ein Gott wohnen muss. Und dass dieser Gott zürnt, wenn man etwas falsch macht. Wahrscheinlich schickt er sogar Blitz und Donner und Heuschreckenplagen.

Wie sonst könnte es so unglaublich wichtig sein, die richtige Wahl zu treffen?

Zum Beispiel: Wir haben irgendwann am Vormittag ein Stück Fleisch und ein bisschen Speck angebraten, eine Dose Tomaten dazugekippt und das Ganze dann ungefähr sieben Stunden kochen lassen. Auf dem Herd steht jetzt eine Sauce nach Signor Brunos Geschmack, und alle haben langsam Hunger. Jetzt also nur noch schnell ein paar Nudeln ins Wasser und ab dafür.

Oder?

Signor Bruno macht die Tür zur Vorratskammer auf, kuckt in die Kammer und wirkt vollkommen ratlos. Dann verschwindet er in der Kammer und wühlt. Ein paar Minuten später, es klingt etwas schrill, ruft er:

»Monelli! Welche Pasta sollen wir nur essen?«

Dazu muss man wissen: Die Pasta-Auswahl in unserer Vorratskammer ist vielleicht nicht ganz so groß wie in einem italienischen Supermarkt, aber es geht in die Richtung. In unserer Kammer lagern elegante Penne lisce und strenge Penne rigate, lockige Tagliatelle, zarte Linguine, etwas kräftigere Bavette. Es gibt große Calamari-Zylinder und kleine Tubetti-Zylinder. Da sind die hübschgelockten Mafaldine, edle, lange Zitone-Röhren, dicke, geritzte Bombardoni-Penne, Conchiglioni-Muscheln. Paccheri, Mezzi Paccheri, Mezzi Paccheri Rigati, die alle irgendwie an Tintenfischtuben erinnern. Und natürlich Spaghetti. In den Größen Nr. 3, Nr. 5 und Nr. 7. Unsere Kammer besteht fast ausschließlich aus Bergen von Pasta (die vom Boden her von ein paar Dosen Tomaten gestützt werden).

Das liegt daran, dass Signor Bruno offensichtlich bei wirklich jedem Einkauf ein Paket Pasta über den Weg läuft und ihn anfleht, es zu retten, es doch bittebitte hier rauszuholen. Und Signor Bruno kann nur schwer nein sagen, wenn ihn jemand um etwas bittet. Das hat er jetzt davon: die schlimme Qual der Wahl. Welcher ist nur der richtige Pastagott für diese ganz spezielle Sauce, die da auf dem Herd steht?

»Monelliii!«, tönt es wieder aus der Kammer. »Welche *Pasta* sollen wir nur essen?!?«

»Wegen mir gerne Spaghetti!«, rufe ich. Wegen mir immer Spaghetti. Oder Penne lisce. Die anderen sind mir egal. Ich bin da eher schlicht. »Oder Penne lisce!«

»… oder Penne lisce …«, sagt Signor Bruno mit hoher Stimme und sehr deutscher Aussprache. Er äfft mich nach. Ich nehme es ihm nicht übel. Ich weiß, dass er leidet. Ich gehe in die Küche, krieche mit in die Kammer, lege ihm die Hand auf die Schulter.

»Wo ist denn das Problem?«

»Zur roten Sauce gehören dünne, lange Pasteletten. Spaghetten oder Linguinetten«, sagt er. Wenn Signor Bruno etwas ernst meint, lässt er Worte gerne auf *etten* enden. »Aber zu einer Fleischsauce schmecken auch kurze, dicke so gut, also Bombardoni oder Paccheri.« Er rauft sich die Haare.

»Was ist denn mit Penne?«, frage ich.

»Penne sind immer gut«, sagt er, und er betont es, als wäre ich eine von diesen Frauen, die immerzu unnötige Fragen stellen. Ich nehme ihm auch das nicht übel. Er befindet sich in einer schwierigen Situation.

»Aber ...?«, frage ich.

»Aber was ist dann mit den anderen?!? Die liegen da schon so lange. Die wollen doch auch mal gegessen werden. Und wenn uns morgen was passiert, können wir sie gar nicht mehr essen!«

Als hätte die Pasta eine Seele. Ich bin gerührt, aber das darf ich nicht zeigen, sonst fühlt Signor Bruno sich nicht ernst genommen. Ich muss jetzt mit viel Fingerspitzengefühl arbeiten.

»Wie wär's denn mit den Mafaldine hier? Die sind dick und gleichzeitig lang, und die haben wir schon seit einer halben Ewigkeit. Die sind doch mal fällig, oder?«

Er sieht mich ernst an. Nein, er sieht mich entsetzt an und sagt: »Monelli. Die sind doch für einen ganz besonderen Anlass.«

»Oh«, sage ich. »Pardon.« Offensichtlich eine Art Hochzeitsnudel.

»Warte mal«, sagt er, drängt mich aus der Kammer und plaziert mich am Küchentisch. Er geht zum Herd, nimmt den Deckel vom Topf und widmet sich der Sauce. Er rührt und kuckt und sagt: »Hm.«

Dann verschwindet er wieder in unserer Kammer, kommt

mit einem Paket großer, leicht gedrehter Lumaconi wieder raus und legt sie auf den Küchentisch.

»Die«, sagt er. »Die sind perfekt.«

Aha.

»Da bleibt die Sauce gut dran kleben, die setzt sich da in die Drehungen. Dann schmeckt man das Fleisch besser. Aber sie haben einen exzellenten Biss, fast wie eine dünne Pasta.«

Okay. Ich sage lieber nichts, lächle und bete den Gott Lumaconi an.

Es ist einfach viel zu gefährlich für Angehörige, den Wahnsinnigen auf seinen Wahnsinn aufmerksam zu machen, während er mittendrin steckt.

Pasta al Ragù (per il dio della Pasta)

Vier dünne Scheiben *geräucherten Speck,* zwei halbierte *Knoblauchzehen* und zwei bis vier gehackte *Peperoncini* (frisch oder getrocknet) mit ein bisschen *Olivenöl* in einem schweren Topf braten, bis der Speck knusprig ist und der Knoblauch weich. Zwei kleine *Lammkoteletts* und ein schönes Stück *Rindfleisch mit Knochen* waschen und abtrocknen, leicht *salzen* und *pfeffern.* Dann den Speck, den Knoblauch und die Peperoncini an den Rand des Topfs schieben und das Fleisch in dem leckeren Öl scharf anbraten, bis es von beiden Seiten schön braun ist. Einen kleinen Zweig *Rosmarin* und ein bisschen *Thymian* dazugeben und ein paar

Minuten mit ziehen lassen. Eine Flasche schweren *Rotwein* öffnen und das Fleisch mit gut einem halben Liter Rotwein angießen. So lange bei offenem Deckel köcheln lassen, bis der Wein so gut wie weg ist. Dann 400 g *Tomaten* aus der Dose in den Topf geben, plus einen guten Schuss Olivenöl, und alles bei mittlerer Hitze und geschlossenem Deckel so lange wie möglich köcheln lassen, gerne zwei bis drei Stunden, auf jeden Fall so lange, bis das Fleisch vom Knochen fällt. Dann die Knochen rausnehmen, Rosmarin- und Thymianzweige rausfischen, den Deckel weglassen und die Sauce eindicken lassen. Immer wieder gut umrühren (eventuell noch mit ein bisschen Salz und Pfeffer abschmecken), so dass man am Ende ein schönes, dickes Ragout hat.

300 g *Lumaconi* (oder irgendeine andere Pasta, aber bitte entscheiden Sie nicht leichtfertig) in gut gesalzenem Wasser bissfest kochen, mit dem Ragout vermischen und mit frisch gehackter *Petersilie* bestreuen.

COUSIN ANTONIOS GESPÜR FÜR SCAMPI

Signor Brunos Cousin Antonio ist ein stattlicher Mann mit kurzem, dunklem Haar und massigen Schultern, und seine Stimme klingt nach dunkelblauem Samt. Er wohnt im Landesinneren zwischen Bari und Brindisi, im Trulliland hinter Ostuni. Da ist die Erde wie in Nordafrika, und die Olivenbäume wachsen wie bei uns die Gänseblümchen.

Antonio darf man einiges zutrauen. Er hat ein Haus gebaut, das Herz einer wunderschönen Frau erobert und zwei hübsche Söhne gezeugt. Und man sieht ihm auf den ersten Blick an: Der Mann versteht was von gutem Essen.

Wenn er durch den Garten bei den alten Trulli seiner Mutter geht, um nach den Feigen, den Weintrauben und den Peperoncini zu sehen, nimmt er sich dafür viel Zeit. Wenn er so herumgeht, streicht er sich immer wieder bedächtig über den Bauch. Wenn er dann für seine Familie kocht, singt er leise vor sich hin. Und wenn man in seiner Gegenwart den Wunsch äußert, vielleicht mal wieder eine unkomplizierte Pizza essen zu wollen statt der üblichen Antipasti-Pasta-Fleisch/Fisch-Nummer, die ja doch immer mindestens zwei Stunden dauert, legt er verächtlich die Stirn in Falten und sagt: »Bah! Pizze, pizze, pizz'!«

Heißt so viel wie:

1. Pizza ist Fastfood, Ende der Diskussion.
2. Ein Essen ohne Pasta ist kein vernünftiges Essen.
3. In eine Pastasauce gehören Meeresfrüchte.
4. Zur Not geht's auch ohne, aber dann müssen danach wenigstens ein paar Fische auf den Grill.
5. Zum Fisch niemals Zwiebeln, das passt nicht.
6. Chili und Knoblauch hingegen: unbedingt.

Diese sechs goldenen Regeln von Antonio gelten auch in unserer Küche in Hamburg (auch wenn wir da keinen Grill stehen haben). Und überhaupt. Antonio strahlt bis nach Norden aus. Manchmal wird Signor Bruno plötzlich schwermütig, dann weiß er erst gar nicht, was ist, aber irgendwann kommt er doch drauf.

»Heute vermisse ich Antonio«, sagt er dann.

Diese Antonio-Sehnsucht kann man nicht nur dadurch erklären, dass Signor Bruno seinen Cousin gerne mal wieder sehen würde. Es ist eher so, dass Signor Bruno ein klitzekleines bisschen trauert, um die Möglichkeit eines anderen Lebens, das er geführt hätte, wenn seine Eltern aus Puglia weggegangen wären. Ein Leben in einer richtigen Heimat, als Italiener unter Italienern. Mit einer Familie, die im selben Land wohnt und nicht eine zweitägige Autofahrt entfernt. Ein Leben mit Tanten und Onkeln und Großeltern. Und mit endlosen Kindheitssommern mit Antonio. Streiche aushecken ohne Ende, nicht bloß in den großen Ferien. Ein Leben, in dem er zu Hause gewesen wäre und nicht am Ende immer in der Fremde, der Spaghetti, der Pizzabäcker, der Eisverkäufer. Ein Leben, in dem es völlig normal gewesen wäre, die italienische Nationalmannschaft anzufeuern.

Es ist ja nicht so, dass Signor Bruno unglücklich ist mit seinem Leben in Norddeutschland. Er liebt es, wenn die Wolken schwer und dunkel über den Himmel rasen, wenn der Wind peitscht, dass man sich ihm entgegenwerfen muss, und er spricht besser Plattdütsch als Italienisch. Und, so sagt er immer, wären seine Eltern nicht nach Deutschland gegangen, wäre er jetzt nicht hier bei mir.

Aber manchmal, da zwickt's halt. Da ist es einfach schade, dass Cousin Antonio so weit weg ist, mit seinem schönen Bass und allem, wofür er so steht. Und da macht es absolut Sinn, eine Antonio-Gedächtnis-Pasta mit, sagen wir mal, Scampi zu kochen.

»Pasta mit Scampi?!?« Signor Bruno kreischt fast ein bisschen und sieht mich mit großen Augen an.

»Ja«, sage ich, »heute mal Pasta mit Scampi, oder?«

»Monelli, ich werd' wahnsinnig.«

Ich weiß. Bei Meeresfrüchten wird mein Liebling verrückt vor Freude. Ich hab's gesehen, in Gallipoli. Gallipoli liegt ganz unten am Absatz des italienischen Stiefels, südwestlich von Lecce, am Golf von Taranto. Gallipoli ist eine kleine, aber stolze Hafenstadt. Früher war Gallipoli mal sehr wichtig, heute ist es nur noch sehr, sehr schön. Am Hafen von Gallipoli ist ein Fischmarkt, und da gibt es die unglaublichsten Meeresfrüchte. Die glitzern auf Eis in der Sonne und sehen aus wie Juwelen, so frisch und sauber: Scampi, Langusten, kleine Tintenfische, Seeigel, Venusmuscheln, Miesmuscheln, Jacobsmuscheln, alles.

Als Signor Bruno und ich mal über den Fischmarkt von Gallipoli schlenderten und an einer besonders aufreizenden Auslage vorbeikamen, klaute Signor Bruno sich eine rohe Miesmuschel, öffnete sie, sagte: »Guck mal, so haben Antonio und ich das früher immer gemacht«, und schlürfte sie aus. Miesmuscheln sind wirklich toll, aber ich finde, man sollte sie kochen, bevor man sie isst. Ich starrte ihn und die leere Muschel an.

»Gibt Tinte auf'n Füller«, sagte er und ging zum nächsten Stand, mehr Muscheln klauen.

Hätte nicht Antonio am Abend Pasta für uns gemacht, ich weiß nicht, was sonst meinen Appetit an diesem Tag hätte wiederherstellen können.

Linguine con Scampi (per Antonio)

Zwei frische *Peperoncini* in feine Ringe schneiden, vier *Knoblauchzehen* schälen und andrücken. In einer Pfanne einen ordentlichen Schuss *Olivenöl* erhitzen und die Peperoncini und den Knoblauch darin weich und glasig brutzeln. Ein bisschen grobes *Meersalz* dazugeben. Zehn bis zwölf *Scampi* mit Schale und Schwanz (wer's mag, gerne auch mit Kopf) waschen, abtrocknen, in die Pfanne legen und von beiden Seiten 3 bis 4 Minuten braten, gerade so lange, bis sie die typische rosaorange Farbe annehmen. Dann die Scampi aus der Pfanne nehmen und auf einem Teller zur Seite stellen. 200 g *Dosentomaten* zu Öl, Peperoncini und Knoblauch geben. Eine gute halbe Stunde einköcheln lassen. Die Platte ausschalten, die Scampi in die Sauce und einen

Deckel auf die Pfanne legen und alles noch mal ziehen lassen.

300 g *Linguine* in sprudelndem Salzwasser bissfest kochen, die Sauce mit zwei, drei Esslöffeln Nudelwasser binden, Nudeln abgießen und sofort mit der Sauce und den Scampi vermischen. Noch ein bisschen frisch gehackte *Petersilie* und die abgeriebene Schale einer unbehandelten *Zitrone* drüberstreuen – mit ein bisschen Glück geht's bei Antonio durch.

DER FALL SOLOZZO

Mafia und Verbrecherromantik lassen sich nur noch in sehr dummen Köpfen vereinbaren. Wir wissen inzwischen alle viel zu viel über die ehrenwerte Gesellschaft, die leider überhaupt nicht ehrenhaft ist und die so gerne hätte, dass niemand etwas über sie und ihre schmuddeligen Geschäfte weiß. Aber manchmal bin ich wohl eine dumme, kleine Gans, denn manchmal zieht das sexy Ganovenimage der Mafiosi bei mir unerhört. Ich stelle mir nur zu gerne vor, wie es wäre, mit einem Gangster zusammenzuleben. Wie es wäre, wenn Signor Bruno, dieser schicke Typ im dunklen Nadelstreifenanzug, nicht Angestellter eines internationalen Konzerns, sondern Mitglied einer internationalen Organisation wäre.

Das Bizarre ist, dass Signor Bruno selbst sich lieber genau das Gegenteil vorstellt: dass er in Wirklichkeit verdeckter Ermittler oder Zielfahnder oder irgendsowas ist, auf jeden Fall aber Bulle. (Wir beide finden seinen echten Job offensichtlich todlangweilig.) Manchmal tut er dann morgens, wenn er aus dem Haus geht, äußerst geheimnisvoll. Er setzt seine braune Coppola-Mütze und seine verspiegelte Sonnenbrille auf und sagt: »Monelli, ich kann dir nicht genau sagen, worum es geht, aber es wäre möglich, dass ich zum Mittagessen nicht nach Hause komme.«

Und mit einem Blick ins Treppenhaus: »Falls was schiefgeht, sag dem kleinen Bruno, ich hab ihn lieb. Und er soll
die Finger von meiner Plattensammlung lassen.«

Ich höre ihm gar nicht richtig zu. Ich verstehe: »Monelli,
ich kann dir nicht genau sagen, worum es geht, aber ich
werde heute zum Mittagessen nicht nach Hause kommen. Ich muss mich um Solozzo kümmern.«

Aha. *Kümmern.* Und: »Falls was schiefgeht, werden So-
lozzos Leute hier in der Straße rumlungern. Dann nimmst
du den kleinen Bruno, fährst zum Calabretta und ver-
steckst euch beide da im Keller. Va bene?«

»Va bene«, sage ich, und wir setzen unsere Hollywood-
gesichter auf. Er, weil er denkt, er wäre ein Superbulle,
ich, weil ich denke, ich wäre eine Supergangsterbraut.

Wäre ich Politikerin, wäre ich für Fragen der Einbildung
zuständig, so viel ist sicher.

Vielleicht liegt es auch an all den Filmen. Signor Bruno
und ich lieben Gangsterfilme. So oft es geht, schauen wir
uns welche an. Trilogien, Serien, Monumentalfilme. Mindestens die Hälfte unserer DVD-Sammlung trägt Knarre
und Nadelstreifen. Eine kleine Auswahl: *Es war einmal
in Amerika. Good Fellas. Der Pate I, II und III. Ocean's
Eleven, Twelve, Thirteen. Reservoir Dogs. Die üblichen
Verdächtigen. Die Sopranos.* Da knallt das. Und wir fie-
bern mit. Wobei Signor Bruno eher mit den Bullen fiebert
und ich mit den Verbrechern.

Vielleicht liegt es aber auch an Signor Brunos Gesicht.
Dieser exakt geschnittenen Nase, diesen feingeschwun-
genen Lippen. Wenn wir irgendwo auf Italiener treffen,
wird er oft respektvoll gefragt: »Siciliano?«

»No«, sagt er dann, »Pugliese.«

»Ah. Pugliese.«

Es klingt immer fast ein bisschen enttäuscht. Oder so, als würde ihm das eh keiner abnehmen. Signor Bruno scheint einfach zu mafiös auszusehen, um nicht aus Sizilien zu kommen. So was gibt's. Ich habe einen Freund aus dem Ruhrpott, der wird manchmal auf Türkisch angesprochen, obwohl er durch und durch westfälischer Pastorensohn ist (mit einem Spritzer Ungarn, okay).

Einmal waren Signor Bruno und ich in einem neuen, italienischen Szenerestaurant zum Abendessen. Das Essen war so lala, die Musik war zu laut und unsere Tischnachbarn waren eine Zumutung. Nicht nur, dass sie uns die beiden letzten Portionen Penne mit Lammragout vor der Nase weggeschnappt hatten, am Ende haben sie sich uns auch noch vorgestellt: »Hallo. Wir sind Britta und Detlev.«

Signor Bruno und ich waren bedient und wollten so schnell wie möglich nach Hause. Ich nahm meinen Mantel, Signor Bruno seine sizilianische Mütze.

»Ich geh mal eben zahlen«, sagte er, »dann können wir hier abhauen.«

Aber auf dem Weg zur Kasse wurde er abgefangen, von einem der beiden Besitzer.

»Mafioso«, flüsterte der Mann, »veni quoi.«

Signor Bruno folgte ihm in eine kleine private Ecke gleich vor der Küche. Er musste mit dem Wirt einen Grappa trinken. Und er durfte nicht bezahlen. Unser Essen ging wie selbstverständlich aufs Haus. Wir sind da dann lieber nicht wieder hingegangen. Das war irgendwie komisch da.

Sie klebt uns wohl an den Hacken, die Mafia, mal so und

mal so. Da kann man nur von Glück sagen, dass Signor Bruno so ein brillanter Bulle ist.

 ## Spaghetti Corleone con Pepe Nero (Achtung, gleich knallt's.)

Eine kleine *Zwiebel* in Ringe schneiden, zwei *Knoblauchzehen* abziehen und andrücken, in einem Topf mit ordentlich *Olivenöl* und ein bisschen *Meersalz* andünsten. Einen guten Esslöffel schwarze *Pfefferkörner* im Mörser zerstoßen und auch in den Topf geben. 400 g *Tomaten* aus der Dose oder acht halbierte frische Tomaten und einen Teelöffel ganze schwarze Pfefferkörner dazugeben und alles auf mittlerer Hitze eine gute Stunde köcheln lassen, zwischendurch immer mal umrühren.

300 g *Spaghetti* in reichlich Salzwasser al dente kochen, die Sauce mit einem kleinen Schwups Nudelwasser binden. Die Spaghetti abgießen, die Schrotkugeltomatenmischung unterrühren und mit frisch geriebenem *Pecorino* servieren.

HiLFE, DiESER PASTATEiG WURDE MIT EIERN ZUBEREITET!

Vor ungefähr zehn Jahren, als Italien für mich südlich von Rom zu Ende war, fuhr ich sehr gerne nach Mailand. In Mailand lernte ich Beatrice kennen. Beatrice war eine dieser undurchschaubaren, supersexy Italienerinnen mit einer knurrigen Stimme. Ihre Klamotten waren von einem schrägen Schick, ihr Teint makellos, ihre Figur absolut sensationell. Sie war ziemlich klein, aber unglaublich selbstbewusst. Ich fand immer, sie sah aus wie eine zu heiß gewaschene Sexbombe. Ich mochte sie auf Anhieb.

Sie hatte mich bei unserer ersten Begegnung ausgelacht und den Kopf geschüttelt, weil ich für italienische Verhältnisse einen sehr männlichen Namen trage. Sie beschloss, mich »Selene« zu nennen, das würde viel besser zu mir passen. Ich hatte nichts dagegen. Selene klang gut, Beatrice war lustig und das Essen in Mailand fabelhaft. Wir saßen jeden Mittag an einem anderen Tisch und bestellten Dickmachernudeln mit Buttersaucen. Ich war so begeistert von Tagliatelle in jeder erdenklichen Darreichungsform, dass ich vor Freude immer fast umgefallen wäre, wenn mir einer der schicken milanesischen Kellner so einen dampfenden Teller vor die Nase stellte. Ich würde wirklich gerne mal wieder diese Mailand-Tagliatelle essen.

Signor Bruno findet Tagliatelle schwierig: »Die sind mit Ei.«

Das wiederholt er beständig, denn ich habe angekündigt: Am heutigen Sonntagabend gibt es zur Abwechslung hausgemachte Tagliatelle, und es gibt ausnahmsweise mal keine Tomatensauce dazu, sondern grüne Bohnen und Parmaschinken in Butter. Norditalienstyle eben.

Die ganze Sache scheint ihn sehr zu beunruhigen. Schon am Nachmittag, als wir einen kleinen Spaziergang machten, wirkte er unkonzentriert und fahrig.

»Tagliatelle, oder?«, fragte er.

Ich nickte.

»Mit Parmaschinken?«

Wie angekündigt.

»Und was war da noch?«

»Bohnen«, sagte ich.

»Bohnen. Aha. Was ist das denn eigentlich für ein Gericht? Das kenne ich gar nicht.«

»Kommt aus Mailand«, sagte ich, »Tagliatelle Selene.«

Er hat es mir abgekauft und schwieg und dachte nach.

Später zu Hause, in der Küche. Ein bisschen Sportschau wäre jetzt gut, ein bisschen Couch, ein bisschen Wohnzimmer. Küchenkontrolle ist aber offensichtlich wichtiger. Es geht schließlich um die Pasta, die Signor Bruno später essen soll. Er inspiziert die Arbeitsfläche. Da sind eine Schüssel, eine Nudelmaschine, Hartweizengrieß, Mehl, – Achtung – Eier (!), grüne Bohnen, Parmaschinken. Die Tomaten liegen demonstrativ ein Stück abseits. Die Tomaten gehören heute nicht dazu.

»Bohnen«, sagt der Italiener und sieht aus dem Fenster.

»Mit Ei. Hm.«

Er tut mir fast ein bisschen leid. Und er versucht es noch mal ganz schlau: »Mensch, Monelli, das ist doch viel zu viel Arbeit. Das musst du gar nicht alles machen. Da sind doch noch ein paar Spaghetti in der Vorratskammer, und eine Dose Tomaten, das schmeiß' ich uns schnell zusammen ...«

Ich gebe ihm einen Kuss, sage ihm, dass er sich beruhigen soll, und fange an, den Nudelteig zu kneten. Er beruhigt sich tatsächlich ein bisschen, vielleicht ist es das gute alte Hartweizenmehl, das ihm hilft. Oder die Tatsache, dass ich's am Ende dann doch nicht übers Herz gebracht habe, ihn so im Norden stehen zu lassen. Er durfte sich schnell noch einen scharfen Tomatensalat mit Peperoncini und roten Zwiebeln machen.

Tagliatelle Selene (per Beatrice)

Für die Tagliatelle 3 *Eier* und eine Prise *Salz* in einer großen Schüssel verrühren und nach und nach 300 g *Hartweizenmehl* dazugeben, bis ein glatter, fester Teig entsteht. Nach einer Weile wird der Teig so fest, dass man ihn mit der Hand kneten muss. Falls der Teig nicht aufhört, klebrig zu sein: mehr Mehl. Aber vorsichtig, wenn er zu trocken wird, kann man ihn wegschmeißen. Den Teig eine halbe Stunde ruhen lassen.

Dann den Teig entweder mit einer Nudelmaschine oder mit einem einfachen Nudelholz dünn ausrollen und mit einem scharfen Messer zu Tagliatelle zerschneiden. Für diese Arbeit immer schön die Hände bemehlen, damit nichts an nichts kleben bleibt.

Zwei gute Handvoll frische *grüne Bohnen* waschen und putzen und fünf Minuten in wenig Salzwasser kochen. 100 g *Parmaschinken* in ein bisschen *Butter* leicht kross braten (nicht trocken werden lassen), die Bohnen dazugeben und alles ein paar Minuten in der Pfanne schwenken, vorsichtig *salzen,* gut *pfeffern.*

Die Tagliatelle in sprudelndem Salzwasser kochen und dabei gut aufpassen: Im Zweifel sind sie nach drei, vier Minuten fertig. Die Nudeln abgießen und mit etwas Nudelwasser, reichlich *Parmigiano,* den Bohnen und dem Parmaschinken vermischen. Am Ende noch mit ein bisschen *Petersilienöl* (ganz einfach: sehr klein gehackte Petersilie mit Olivenöl) beträufeln.

SCHWARZES GOLD

Es ist ein Kreuz mit den Auberginen. Für Signor Bruno sind sie (gleich nach der Tomate natürlich) DAS Gemüse schlechthin, er kann sich da kaum was Schöneres vorstellen, aber kein Schwein in diesem verfluchten Norddeutschland scheint in der Lage zu sein, Auberginen vernünftig zuzubereiten. Die Einzigen, auf die Signor Bruno sich da bisher hat verlassen können, waren die Männer vom türkischen Imbiss an der Ecke. Und was passiert? Plötzlich können sie's nicht mehr. Sie lassen die Auberginen verbrennen. Als ob die Biester nicht schon schwarz genug wären!

Signor Bruno kommt aus dem Schimpfen gar nicht mehr raus, seit die Türken ihn enttäuscht haben. Das war an einem Freitagabend, nach der Arbeit. Und er stand noch Sonntagmorgen mit seinem Kaffee in der Hand auf dem Balkon und wütete: »Das kann doch nicht wahr sein. Dass man hier *nirgends* eine ordentliche Melanzane kriegt. So eine verdammte Hacke. Ich kapier das nicht. *So* schwer kann das ja nun nicht sein.«

Er hörte auf zu schimpfen, sah mich an und schüttelte den Kopf. Ich war mir nicht sicher, aber ich hatte das Gefühl, da waren Tränen in seinen Augen.

Manchmal braucht ein Mann einfach ganz dringend einen Teller Pasta. Und wenn es morgens um halb zehn ist.

Spaghetti alla Norma (per due)

Zwei große *Auberginen* in dünne Scheiben schneiden, mit *Salz* bestreuen und zum Entwässern in ein Sieb legen. 400 g reife *Tomaten* (oder Dosentomaten) zusammen mit einem Schuss *Olivenöl,* zwei *Knoblauchzehen* und einer Handvoll *Basilikum* in eine Pfanne geben, salzen und pfeffern und bei mäßiger Hitze köcheln lassen, bis eine dicke Sauce entstanden ist. Die Auberginenscheiben abtrocknen und in einer zweiten Pfanne mit reichlich *Olivenöl* und ein bisschen *Meersalz* goldgelb braten. 300 g *Spaghetti* in Salzwasser al dente kochen, abgießen, in eine große Schüssel füllen, die Auberginen und die Tomatensauce darüber verteilen und das Ganze mit einer guten Handvoll frischem *Ricotta* bestreuen.

ONKEL ROCCO IM PARADIES

Falls Sie mal durch Apulien fahren sollten, im Sommer, auf der Superstrada zwischen Bari und Brindisi, immer schön am Meer entlang, und wenn Sie dann auf der Höhe von Ostuni rechts abbiegen und ungefähr 20 Kilometer ins Landesinnere fahren, bis Sie auf einem Hügel Cisternino liegen sehen, wenn Sie dann noch ein kleines Stückchen weiter in Richtung Martina Franca fahren, mitten rein ins Trulliland, dann kommen Sie zwangsläufig irgendwann bei Onkel Rocco und Tante Giovanna vorbei.

Und dann werden Sie ganz sicher feststellen: Rocco hat das am schönsten. Rocco hat das einfach so schön, da möchte man nie wieder weg, wenn man das einmal gesehen hat. Im Winter, von Ende November bis Anfang März, wohnt Rocco in seiner Stadtwohnung in Brindisi. Aber den Rest des Jahres – Achtung: mehr als *sieben* Monate – verbringt er in seinem Sommerhaus im Trulliland, umringt von Blumen und Früchten und Tieren mit weichem Fell.

Und das hat er sich so was von verdient.

Erst mal, weil er als Kind nur ein geliehenes Zuhause hatte. Als er geboren wurde, war er das achte von neun Kindern, und in der Familie war gerade nicht genug Kraft da, um ihn auch noch mit durchzufüttern. Die Eltern glaubten, dass er es woanders besser haben würde. Und so wuchs Rocco auf einem Hof oberhalb der Trulli mit den vielen Bougainvilleen auf, in dem seine Eltern und seine Geschwister wohnten.

Das muss unendlich traurig gewesen sein für diesen kleinen Jungen, abends zum Schlafen nicht mit seinen Brüdern und Schwestern in die Trulli kriechen zu können, abseits von der Familie zu leben, man mag es sich gar nicht vorstellen. Aber Rocco hat das wohl nie jemandem übelgenommen. Irgendwann war er einfach wieder da, basta. Und als er ein schnieker junger Spund war, hat er seine kleine Schwester an den Wochenenden zum Tanzen ausgeführt. Damit die sich bitteschön auch mal vergnügen konnte, das aber nicht mit irgendwelchen dahergelaufenen Kleinstadtgigolos tun musste. So einer war der junge Rocco: zuverlässig, liebenswürdig und gutaussehend, mit sanft geschwungenen Lippen.

Später, als Rocco dann Giovanna geheiratet hatte, um selbst eine Familie zu gründen, ist er nach Mühlheim an der Ruhr gegangen und hat 25 Jahre seines Lebens in der Industrie geschuftet. Danach hat er das getan, wovon viele Gastarbeiter aus ganz Europa träumen, was aber nur die wenigsten hinkriegen: Er ist zurück nach Hause gegangen. Er ist tatsächlich wieder nach Italien gezogen. Und jetzt, mit Ende siebzig, hat er immer noch volles, lockiges Haar (wenn auch grau), er hat immer noch diesen hübschen Schwung in den Lippen, er hat sein sanftes Wesen behalten – und er hat eben dieses Sommerhaus ganz in der Nähe der alten Trulli der Familie. Von seiner Terrasse aus hat Rocco seine Pfirsichbäume im Blick, seine Khakifrüchte, seine Weintrauben, seine Gurken, seine

Salatköpfe und auch die Feigen und alles, was sonst noch wächst und blüht und duftet. Im Stall neben dem Haus dösen die Hasen. Neben den Hasen gackern die Hühner und legen Eier, und manchmal blökt der Truthahn fröhlich vor sich hin, der während der langen Sommermonate noch nichts davon weiß, dass er an Weihnachten dran glauben muss.

Nachmittags macht Rocco ein Schläfchen. »Rocco adesso schlaft«, sagt man dann in der Nachbarschaft. Und sonntags führt er Giovanna in einen schicken Laden zum Tanzen aus, so wie er es früher mit seiner kleinen Schwester gemacht hat. Rocco ist noch immer ein flotter Tänzer. Abends, wenn Rocco erschöpft ist vom vielen Gärtnern und Tanzen, kocht Giovanna was zur Stärkung. Sie bastelt vielleicht einen Berg Orecchiette, und dazu macht sie eine feine, weiche Tomatensauce und verziert alles mit frischem Ricotta und duftendem Basilikum aus dem Garten. Gegessen wird natürlich auf der Terrasse, das Paradies immer fest im Blick.

Sie werden's schon sehen. Rocco hat das definitiv am schönsten.

 **Orecchiette con Ricotta (per Zio Rocco)**

Sechs bis acht rote, reife *Tomaten* in Viertel schneiden und zusammen mit zwei ganzen *Knoblauchzehen* und reichlich *Olivenöl* in einer Pfanne andünsten. *Salzen* und *pfeffern* und eine gute Stunde auf niedriger Hitze köcheln lassen, bis eine milde, cremige Sauce entsteht. Falls die Tomaten nicht genug Flüssigkeit abgeben, einfach ein bisschen Wasser dazugießen. Die Knoblauchzehen irgendwann rausfischen.

300 g *Orecchiette* (apulische Öhrchennudeln, erkennt man daran, dass sie aussehen wie kleine Ohren) in sprudelndem Salzwasser bissfest kochen und dann so eine Art Etagenschichtung machen: erst die Pasta auf den Teller, dann eine Kelle Sauce drauf, dann einen ordentlichen Klacks *Ricotta* und am Ende noch ein Blatt *Basilikum* für den Duft.

DER KÄSE DER LIEBE

Es war ein kalter, klarer Morgen im Oktober, als wir uns aufmachten, um einen halben Tag in Italien zu verbringen. Der kleine Bruno war damals noch sehr klein, er schlief am liebsten an der Brust seines Vaters, und so waren wir in jenem Herbst viel zu Fuß und mit öffentlichen Verkehrsmitteln unterwegs. Wir nahmen also die U-Bahn nach Hamburg-Eppendorf und gingen auf den sogenannten Markt.

Der sogenannte Markt ist mehr eine Verkaufsstelle für Luxusartikel unter freiem Himmel als ein richtiger Markt. Ich kenne nicht viele Leute, die sich da was leisten können, und wir können das schon gleich gar nicht. Außer so ganz kleinen Kleinigkeiten. Zum Beispiel dem italienischen Frühstück. Das Frühstück auf dem sogenannten Markt ist aus mehreren Gründen wahnsinnig italienisch: Man nimmt es im Stehen ein. Beim Kaffee wird nicht mit Kaffee gespart, dafür aber mit Milch. Zum Kaffee werden lediglich Cornetti con Crema gereicht, diese obskuren Teighörnchen mit Vanillecreme. Und das Frühstück macht nicht satt.

So standen wir also da, an diesem kalten Morgen, atmeten Nebel aus und wärmten unsere eisigen Finger an heißen Gläsern, nur der kleine Bruno nicht, denn der war ja unter Signor Brunos Jacke versteckt.

»Mmh«, sagte Signor Bruno, als er in sein Cornetto biss.

»Bäh«, sagte ich, als ich in mein Cornetto biss. Ich bin nicht besonders für diese pappsüße Con-Crema-Pudding-Geschichte, aber Signor Bruno zuliebe schmeckt mir sogar das, also Schwamm drüber.

Der kleine Bruno brummte irgendwas und quetschte sich fester an Signor Brunos Brust. Es war einer dieser Familienmomente, die man nicht so schnell vergisst. Scheiß auf die Kälte, scheiß aufs Geld, allein weil wir drei zusammen sind, sind wir glücklich. So glücklich, dass es uns ein bisschen zu Kopf stieg. Gleich nach dem italienischen Frühstück machte sich Signor Bruno (hungrig) auf den Weg zum Stand für Fischfeinkost und deutete wild auf alle angebotenen Meeresfrüchte.

»Nein«, sagte ich. Und dann: »Okay. Aber nur ein paar Tintenfische.«

Gleich nachdem wir sieben winzige Tintenfische für sechzehn Euro erstanden hatten, stürmte ich (klebrig im Mund) weiter zum Kräuterstand und warf mich in einen Korb mit Rosenblüten aus Damaskus.

»Nein«, sagte Signor Bruno. Und dann: »Okay. Von mir aus ein bisschen Lavendel.«

Der Lavendel war nicht teuer, aber die Dämme waren kurz davor, zu brechen, wir waren kurz davor, sinnlos einkaufend über den sogenannten Markt zu ziehen, als uns ein Stück Pecorino rettete. Ach was, ein Rad Pecorino. Es stand groß und stolz und halbnackt auf einem Holzbock, der Holzbock stand vor einer freundlich lächelnden Frau. Kein Stand, kein Schnickschnack, nur ein Käse. Aber was für einer. Goldgelb, knallhart, mit ein paar knackigen Pfefferkörnern gespickt.

»Pecorino«, sagte ich.

»Ja«, sagte Signor Bruno, »ist er nicht wunderschön?«

Ich nickte, wir lächelten debil, und der kleine Bruno steuerte das bei, was er in seinem ersten halben Lebensjahr zu allem beisteuerte, ein kurzes, knackiges: »Ä.«

»Mehr braucht man nicht zum Glück«, sagte Signor Bruno.

»Ja«, sagte ich. »Wenn man einen ordentlichen Pecorino im Haus hat, kann man ganz beruhigt sein.«

»Pecorino«, sagte Signor Bruno, »Käse der Liebe.«

Und der kleine Bruno sagte: »Ä.«

Wir kauften ein Stück, das ungefähr so schwer war wie der kleine Bruno. Auch das kostete natürlich Geld. Aber das war es wert, und es hielt uns davon ab, weiter irgendwelchen Blödsinn zu kaufen. Der Pecorino hat uns zur Besinnung gebracht.

 ## Spaghetti con Pecorino e Pepe (per due)

300 g nicht zu dünne *Spaghetti* (z. B. Barilla Nr. 7) in viel Salzwasser al dente kochen, abgießen, dabei eine Tasse Nudelwasser zurückbehalten. Die Spaghetti in eine große Schüssel geben und großzügig mit frisch gemahlenem schwarzen *Pfeffer* und 100 g geriebenem *Pecorino* bestreuen. So viel Nudelwasser dazugießen, dass der Käse schmilzt und cremig wird. Umrühren und sehr heiß servieren.

CARMINE

Carmine war ein schüchterner, unscheinbarer Typ, und er trug ein furchtbar langweiliges Brillengestell, aber er war Signor Bruno und mir auf Anhieb so viel lieber als die arrogante Kellnerin, die vor dem aufgedonnerten Laden nebenan versuchte, Carmine die Kundschaft wegzuschnappen.

Signor Bruno und ich waren auf Carmine gestoßen, als wir Ferien im Nirgendwo machten. Wir lungerten ein paar Tage in einer verpennten Bucht bei Neapel rum und taten nichts außer essen, schlafen und aufs Meer hinausschauen. Manchmal blätterten wir auch noch ein bisschen in einer Zeitung von gestern. Oder wechselten ein paar Worte mit einer der verlausten Katzen, die im Schatten der bunten Holzboote faulenzten. Miau.

Die Mittage verbrachten wir von Schlag zwölf bis ungefähr vierzehn, fünfzehn Uhr in Carmines Ristorante. Wir aßen jedes Mal das Gleiche. Spaghetti mit Muscheln. Wir hätten auch schon mal Lust auf ein anderes Gericht gehabt, aber bei Carmine gab's nichts anderes. Die Gäste konnten wählen zwischen Spaghetti mit Miesmuscheln, Spaghetti mit Venusmuscheln und der Spezialiät, Spaghetti allo Scoglio (mit Miesmuscheln und Venusmuscheln). Nach dem Essen gingen wir in unser Hotel, um uns ein bisschen auszuruhen. Danach spazierten wir zurück zu Carmine, tranken Kaffee und blieben sitzen, bis die Sonne rot wurde.

Unser Ferienkonzept mag sich für den einen oder anderen vielleicht etwas eintönig anhören. Für uns war es perfekt ausbalanciert. Wir hatten alles, was man zum Leben braucht. Wir hatten Freund (Carmine), und wir hatten Feind (die blöde Kuh von nebenan, die unseren Freund daran hinderte, endlich mal Erfolg zu haben). Wir hatten ein Zuhause (Bett im Hotel), und wir hatten einen Treffpunkt (Carmines Ristorante). Wir hatten zu essen (Muscheln), und wir hatten ein Thema: die offensichtlich reichen und gleichzeitig sehr billigen Neapolitaner, die jeden Vormittag mit ihren polierten Yachten in der ansonsten so lauschigen Bucht anlegten.

Sie brachten großen Klimperschmuck mit und paillettenbestickte Jeans, und sie stopften bei der ondulierten Gans von nebenan Lastwagenlieferungen von frittiertem Fisch in sich rein. Carmine bedachte die Geldneapolitaner nur mit einem gesitteten Achselzucken, als wären sie eine der üblichen Plagen hier, gegen die man eh nichts machen kann. Wir hingegen zerrissen uns das Maul, es war ein großer Spaß. Zuerst machte ich mir ein bisschen Sorgen, dass wir Carmine peinlich sein könnten. Aber dann war es so, dass seine Laune immer besser und er immer zugänglicher wurde, je ausgiebiger wir schimpften. Ich glaube, er freute sich einfach, dass mal jemand auf seiner Seite war.

Und dann kam der Abend dieses fürchterlichen Gewitters. Die Wolken hingen schon am späten Nachmittag tief, und es war schwül. Ich zog mich ein bisschen früher als sonst auf unser weiches Lotterbett zurück, um zu schmökern, der Himmel war so danach. Signor Bruno aber ging noch mal raus, um uns eine Flasche Wein und was zu essen zu besorgen. Und ich sagte noch: »Beeil dich, es fängt gleich an zu schütten.«

»Ja, ja«, sagte er und war weg.

Eine halbe Stunde später fiel ein neuer Ozean auf die Erde. Es regnete, wie ich es erst zweimal in meinem Leben hatte regnen sehen. Einmal in den Tropen. Und einmal in Hamburg, da ist unser Keller vollgelaufen. Ich stand am offenen Fenster und schaute auf die Bucht. Dunkelheit hatte sich über unser kleines Paradies gelegt, das Gewitter hatte das komplette Tageslicht geschluckt. Und wie es aussah, war die Hauptstromleitung des Ortes von einem Blitz getroffen worden, die Lichtschalter in unserem Hotel waren auf jeden Fall alle tot, und auch die gelben Laternen, die sonst die Bucht bei Einbruch der Dämmerung beleuchteten, blieben finster.

Signor Bruno war noch nicht zurück. Nach einer Stunde am dunklen Fenster fing ich an, mir Sorgen zu machen. Und es regnete und blitzte und donnerte, und es wollte einfach nicht aufhören. Ich versuchte, mich damit abzufinden, dass mein Liebling wohl ins Meer gespült worden sein musste, dass ich ihn nie wiedersehen und dass es auf ewig dunkel bleiben würde.

Doch irgendwann wurde der Regen merklich schwächer, und ganz plötzlich hörte er auf. Kurz darauf stand ein glückselig lächelnder Signor Bruno im Zimmer.

»Ich dachte, du bist tot«, sagte ich.

»So ein Quatsch«, sagte er und gab mir einen Kuss. »Frauen.« Er stellte eine Flasche Wein und eine Tüte mit Brot und Käse auf seinen Nachttisch, zog seine Hose und seine nassen Schuhe aus und warf sich aufs Bett. Er sah wirklich glücklich aus.

»Was ist passiert?«, fragte ich. »Wie hast du das da draußen überlebt? Hat dir einer deiner tollen Heiligen geholfen?«

Signor Bruno grinste und verschränkte die Arme hinterm Kopf.

»Ich war bei Carmine«, sagte er. Er schloss die Augen und machte es sich noch ein bisschen gemütlicher. »Carmine ist jetzt mein Kumpel.«

Das Gewitter hatte ihn erwischt, just als er an Carmines Laden vorbeikam. Carmine war gerade dabei gewesen, alles zu verbarrikadieren, und hatte Signor Bruno eben noch ins Ristorante gezerrt. Sie setzten sich bei Neonlicht in eine Ecke des Lokals und tranken erst mal einen Espresso. Weil kurz darauf der Strom ausfiel, zogen sie ans Fenster um, beobachteten das Gewitter und erzählten sich aus ihrem Leben. Wie das Leute so machen, die plötzlich zusammen festsitzen.

Carmine war nur ein halbes Jahr älter als Signor Bruno. Er kam ursprünglich aus Salerno, hatte aber keine Lust gehabt, dort im Hafen zu arbeiten wie sein Vater und sein Großvater und alle anderen Männer aus seiner Familie. Und er hatte sich in ein Mädchen verliebt, das in der kleinen Bucht wohnte. Er zog zu ihr, gemeinsam übernahmen sie das Ristorante ihres Vaters. Das Mädchen ist inzwischen längst weg, ist mit irgendeinem Vogel nach Reggio di Calabria abgehauen. Carmine ist übrig geblieben, zusammen mit seinem ehemaligen Schwiegervater in spe, der jeden Morgen um elf auf einen Kaffee und einen Grappa vorbeischaute.

Das hatte Carmine erzählt. Während draußen ein gutes Dutzend neureicher Neapolitaner um die wenigen trockenen Plätze im Laden der eingebildeten Doofmadam gekämpft hatte. Signor Bruno hatte einen rundum befriedigenden Ausflug erlebt.

Er streckte sich auf dem Bett aus, und ich arrangierte das Brot und den Käse auf dem kleinen Tisch am Fenster, als das Licht wieder anging. Ich hatte den Eindruck, dass es etwas funzeliger war als vorher, aber es war okay.

»Was meinst du«, sagte Signor Bruno, »wie wäre mein Leben gelaufen, wenn meine Eltern in Italien geblieben wären?«

Ich machte den Wein auf und sagte: »So oder so hättest du irgendwann eine dralle Blondine kennengelernt.«

Er zog mich zu sich aufs Bett, wir tranken den Wein aus der Flasche, und draußen kam zwischen all den Wolken ein vorsichtiger Mond zum Vorschein.

Spaghetti allo Scoglio (per Carmine)

Eine kleine *getrocknete Chilischote* zerstoßen und zusammen mit einer angedrückten *Knoblauchzehe* und einer Sardelle in reichlich Olivenöl anbraten. Acht reife, halbierte *Kirschtomaten* dazugeben und eine kleine Weile köcheln lassen, bis eine Art Sauce entstanden ist. Dann zwei Handvoll *Miesmuscheln* und zwei Handvoll *Venusmuscheln* (gewaschen und gebürstet) dazugeben, alles bei geschlossenem Deckel garen lassen, bis die Muscheln sich geöffnet haben. Den Topf währenddessen ab und an ein bisschen durchrütteln. 300 g *Spaghetti* in reichlich Salzwasser al dente kochen, mit der Muschelsauce vermischen und sofort servieren.

MÖCHTEST DU LIEBER BROCCOLI HEISSEN?

Die Monate, als der kleine Bruno neu in unserer Familie war, waren mit Abstand die aufregendste, intensivste, ereignisreichste Zeit unseres bisherigen Lebens. Und die schlimmste. Weder Signor Bruno noch ich hatte jemals zuvor einen solchen Schlafmangel erleiden müssen. Man kann sich das ja gar nicht vorstellen, wenn man's nicht erlebt hat, aber alle Eltern kennen das, und ich beschreibe es gerne so: Nur noch im Zwei-Stunden-Takt zu schlafen, ist ein bisschen, als ob man in einer Tour angeschossen werden würde. Peng. Peng. Peng. Wir hinkten und krochen und schleppten uns durch die Wohnung und versuchten dabei fieberhaft, irgendwie das Überleben aller drei Familienmitglieder zu sichern.

Dabei hatten wir noch Glück. Der kleine Bruno, die Spaßkanone, war vom ersten Tag an ein überaus heiteres Kind. Schon kurz nach seiner Geburt fing er an mit all den lustigen Geräuschen, die sich anhörten wie Unterwassermusik, und dazu pflügte er mit seinen großen Händen ununterbrochen die Luft neben seinen Ohren, was ihm den Anschein gab, als würde er mit Außerirdischen telefonieren. (»Hallo? Kann mir mal einer sagen, wo ich hier gelandet bin? Warum habt ihr mich abgeworfen? Kommt denn jemand vorbei, um mich wieder abzuholen? Hallo? Hört ihr mich?«) Und als es an der

Zeit war, das erste Lächeln zu verschenken, gab es ein herzhaftes, glucksendes Lachen.

Der kleine Bruno ist wirklich von Anfang an ein so fröhlicher Junge gewesen. Nur ganz manchmal hatte auch er einen schweren Tag in dieser ersten Zeit. Meistens fing er dann gegen Abend an zu weinen und konnte sich überhaupt nicht beruhigen. Das Einzige, was half, war auf dem Arm von Signor Bruno zu sein und unablässig durch die Zimmer getragen zu werden. Signor Bruno tat das mit großer Geduld, obwohl ihm die Müdigkeit zäh aus seinen Schusswunden tropfte. Er trug den kleinen Bruno vom Schlafzimmer in die Küche, von der Küche in den Flur, vom Flur ins Bad, vom Bad ins Wohnzimmer, vom Wohnzimmer ins Kinderzimmer und wieder zurück. Und er fragte ihn, was denn eigentlich los sei.

»Was ist denn los, mein Junge?«

»Rabäää ...«

»Hast du nicht genug Milch getrunken?«

»Rabäää ...«

»Hast du zu viel Milch getrunken?«

»Rabäää ...«

»Antworten dir deine außerirdischen Freunde nicht?«

»Rabäää ...«

»Willst du nicht an der Elbe wohnen?«

»Rabäää ...«

»Willst du lieber an der Alster wohnen?«

»Rabäääääääää ...«

»Willst du andere Eltern haben?«

»Huuwäää ...«

»Willst du nicht kleiner Bruno heißen?«

»Rabäää ...«

»Willst du vielleicht lieber kleiner Broccoli heißen?«

»Ä!«

»Broccoli?«

»Ä.«

Signor Bruno kam zu mir ins Schlafzimmer, wo ich versuchte, den Sieben-Sekunden-Schlaf zu trainieren.

»Monelli.«

»Ja?«

»Er möchte lieber Broccoli heißen.«

»Was? Wie kommst du darauf?«

»Es geht ihm besser, wenn ich Broccoli zu ihm sage.«

»Bist du sicher?«

»Ja«, sagte er, »kuck ihn dir doch an.«

Der kleine Bruno, pardon, Broccoli lag im Arm seines Vaters und ließ seine Tränen trocknen.

»Okay«, sagte ich, »wenn er das gerne möchte, dann heißt er ab jetzt eben Broccoli.«

Signor Bruno legte den kleinen Broccoli zu mir ins Bett. Er war ganz friedlich. Lag auf dem Rücken, lächelte still in sich rein und unterrichtete die Außerirdischen telefonisch darüber, dass er sich nun doch endlich mit seinem Namenswunsch hat durchsetzen können.

Orecchiette coi Broccoli (per Rocco)

Die Röschen von einem Kopf **Broccoli** waschen und zusammen mit 400 g **Orecchiette** in viel Salzwasser kochen, bis die Pasta al dente ist. Währenddessen eine reife **Tomate** fein würfeln und

zusammen mit einer *Knoblauchzehe,* einer *getrock-*
neten, zerstoßenen Chilischote und vier *eingesalze-*
nen, zerkleinerten Anchovis in einem guten Schwung
Olivenöl erhitzen, bis die Sardellen schmelzen und
eine kleine, cremige Sauce entstanden ist. Die Orecchiette und den Broccoli abgießen und mit der Sauce vermischen.

DER SCHICK VON BARI

In Bari wohnt Tante Maccula, in einer typischen italienischen Stadtwohnung mit Rüschenvorhängen, viel durchgedrehtem Nippes und ungefähr einer Million Familienfotos, darunter auch Hochzeitsbilder von Leuten, die Maccula eigentlich kaum kennt. Was an der Wohnung noch auffällt: Sollte sich jemals ein Körnchen Staub hereintrauen, gibt es wahrscheinlich einen Schießbefehl. Ich habe noch nie zuvor eine Wohnung gesehen, die dermaßen poliert ist.

Maccula ist die ältere Schwester von Mama Bruno. Maccula heißt natürlich in Wahrheit nicht Maccula, sondern Immaculata, aber so hat sie noch nie einer genannt. Mir gegenüber wurde erst nach jahrelangem Nachbohren zugegeben, dass sie auf einen anderen Namen getauft wurde. Also, Maccula. Maccula war als junge Frau die Schönste in der Familie, wenn nicht gar in dem ganzen Dreieck zwischen Cisternino, Martina Franca und Ceglie di Messapica. Eins der vielen Fotos in ihrer Wohnung zeigt sie selbst, da war sie vielleicht neunzehn, zwanzig. Sie hatte sehr glänzende schwarze Locken, einen stolzen, spöttischen Zug um den Mund, einen eleganten Fuchspelz um den Hals und eine beeindruckende Statik unter der Bluse. Maccula ist noch immer eine hübsche Frau. Sie haut einen schnell um, mit ihrem Humor und ihrem großen Herzen, mit ihrem schick ondulierten Haar und dem niedlichen hellroten Lippenstift.

Aber zwei Dinge sieht man ihr inzwischen schon an: Sie kocht viel und gerne und gut. Und sie ist ausgesprochen resolut. Maccula sollte man besser nicht in die Quere kommen. Man könnte auf den ersten Blick fast ein bisschen eingeschüchtert sein von ihr.

Signor Bruno liebt seine Tante Maccula auf eine hinreißend kindliche, respektvolle Art.

Als ich meinen Antrittsbesuch in Apulien machte, fuhren wir von Rom aus mit einem kleinen Fiat nach Süden, und es war klar, dass unser erster Stopp bei Maccula sein würde. Wir kamen mitten in der Nacht in Bari an. Die Luft war mild, und ich war froh, von der Autobahn runterzusein. Ich konnte den Süden riechen, und am Lungomare saßen knutschende Pärchen, aber irgendwie war mir unwohl. Ich hatte gelesen, dass Bari bei der apulischen Mafia sehr beliebt ist, der Sacra Corona Unita, und ich bildete mir ein, das zu spüren. Als wären da finstere Blicke hinter den Fenstern der Stadt. Außerdem hatte Signor Bruno schon lange vor unserer Reise immer wieder gesagt: »Bari. Hm. Schwierig.«

Was genau er damit meinte, weiß ich bis heute nicht. Er hat das manchmal bei italienischen Städten. Mit Lecce ist es genauso: »Lecce. Schlimm.«

Er kann es mir aber nicht erklären. Muss irgendein weitervererbtes Ding sein, was Genetisches.

Bari also. Kam mir, wie gesagt, verdächtig vor. Und dann hatten wir auch noch ein Zimmer in einem Hotel reserviert, das – ich schwöre – das schrecklichste Hotelzimmer der Welt war. Der Teppichboden und die Decken auf den Betten waren voller Flecken, alles war billig und schmutzig und unfreundlich zusammengetackert, und weil das Zimmer so ein komisches längliches Format hatte und nur ein schmales Milchglasfenster, kam es mir vor, als hätte man uns in eine Abstellkammer verfrachtet, und zwar mit voller Absicht. Nachdem wir die Nacht überstanden hatten, schlug uns im Frühstücksraum eine Faust aus Neonlicht ins Gesicht, während wir Essen aus Plastik in uns reinstopften, vor lauter Verzweiflung. Sollten Sie jemals nach Bari fahren, übernachten Sie bitte nicht im Hotel Victor. Von so was kann man krank werden.

Doch dann, als wir dieses wirklich miese Hotel endlich verlassen hatten, streichelten mir 22 Grad und die Sonne den Nacken. Ende Oktober. Auf dem Gehsteig vor dem scheißteuren Parkhaus, in dem unser Fiat stand, wuchs eine Palme, die ich in der Nacht zuvor nicht gesehen hatte. Und schon eine Straße weiter wirkte Bari auch überhaupt nicht mehr merkwürdig oder gar bedrohlich, sondern ziemlich hell und freundlich. Die Frauen trugen klassisch frisiertes glänzendes Haar und Lederschuhe mit ganz besonderem Schick, die Männer waren fast ausschließlich im Anzug aus dem Haus gegangen. Manche hatten auch so kleine Strohhüte auf, eine Art Sommerborsalino. An jeder Ecke wuchsen Palmen und Blumen, und die alten Häuser leuchteten in angenehmen Erdfarben oder frischem, sauberem Weiß.

Am Hafen schäkerten uns ein paar Fischer an, während sie ausgiebig ihre gerade gefangenen Tintenfische gegen eine Mauer schlugen.

»Das macht die Tentakel zart«, sagte Signor Bruno.

Und dann dieses Bild: ein älterer Herr, in einem hasel-
nussbraunen Anzug. Sein dichtes, silbergraues Haar war
akkurat gescheitelt und nach hinten gestrichen, seine
Sonnenbrille hatte eine Form und Größe, wie sie vor allem in den schicken 60er Jahren zu sehen gewesen waren, die rehbraunen Schuhe waren etwas extravagant,
passten aber perfekt zu seinem Anzug, und das silberne
Fahrrad, mit dem er ganz in Ruhe in der Morgensonne
über die blitzsaubere Piazza rollte, glänzte, als wäre es
frisch geschlüpft. Der Signore war das Eleganteste, was
ich jemals gesehen hatte. Eine Stadt, in der solche Typen
Fahrrad fahren, konnte einfach nicht schlecht sein.
Später, bei Tante Maccula, gab es Pasta mit sehr zarten
Tintenfischen. Das Essen war ein Gedicht. Und ich fand
Maccula von Anfang an toll, aber ich hatte auch ein bisschen Angst vor ihr. Denn ich hatte das Gefühl, misstrauisch beäugt zu werden, und sie redete auch nicht mit mir.
Das Gespräch lief ausschließlich über ihren Neffen. Ich
fühlte mich unzureichend und stellt mir bald die Frage,
ob ich wirklich gut genug war für Signor Bruno. Außerdem schimpfte Maccula während des Essens über die
jungen Frauen von heute und faltete alle zehn Minuten
ihren Ehemann zusammen.
Plötzlich war ich mir wieder nicht mehr ganz sicher mit
Bari. Ich saß in Macculas piekfeiner Nippesbude und kam
mir vor wie am Morgen, als ich zittrig und schwach im
knallharten Frühstücksraum des Hotels Victor gesessen
war. Aber dann geschah ein Wunder, ich weiß nicht, wer es
veranlasst hat. Denn als Signor Bruno und ich uns verab-
schiedeten (ich war heilfroh, dass ich abhauen konnte,
und überzeugt, nie wieder vorgelassen zu werden), wur-

den Macculas Augen feucht. Sie drückte mich, als wäre ich eine enge Verwandte, die jahrelang verschollen und endlich wieder aufgetaucht war, gerettet aus wessen Klauen auch immer. Und sie schenkte mir einen Schokoladenkuchen und eine Bonbonniere aus perlmuttfarbener Keramik, mit Rosen drauf. Inzwischen weiß ich, dass das die in Italien üblichen Geschenke für Schwiegertöchter sind.

Insgesamt ist es dann wohl doch ganz gut gelaufen zwischen Bari und mir. Und immer, wenn Maccula und ich uns wiedersehen, rastet meine neue italienische Tante fast aus vor Freude, und ich sowieso. Ich glaube, dass wir echt dicke Freundinnen sind. Ich werde nur nie wissen, warum eigentlich.

Calamaretti con Polpi (Viva Maccula!)

Zwölf bis vierzehn kleine ausgenommene *Tintenfische* gut waschen und abtrocknen. Köpfe und Arme ganz lassen, die Tuben in Ringe schneiden. In ein bisschen *Olivenöl* einlegen, frischen *Knoblauch* und *Peperoncini* dazugeben und mit Frischhaltefolie bedeckt im Kühlschrank vielleicht eine Stunde ziehen lassen.

Dann in einer schweren Pfanne etwa 5 bis 6 Minuten braten, Öl und Gewürze sind ja schon dran, lediglich noch ein bisschen *salzen* und *pfeffern.* Vier frische *Tomaten* waschen, grob würfeln und in die Pfanne geben. Mit geschlossenem Deckel eine gute

Stunde köcheln lassen, bis eine Art Sauce entstanden ist und die Tintenfische zart sind.

300 g *Pasta* (sehr gut zu Tintenfischen passen Calamaretti, das sind relativ kleine Nudeln, die den in Ringe geschnittenen Tintenfischen nachempfunden sind) in sprudelndem Salzwasser bissfest kochen, gegen Ende der Kochzeit die Tomatensauce mit ein bisschen Nudelwasser glattziehen.

Pasta und Sauce gut miteinander vermischen und mit jeweils einer halben *Zitrone* servieren.

SCHATTENITALIENER

Als Signor Bruno und ich zum ersten Mal gemeinsam am Meer waren, war das an der Nordsee. An einem Tag Mitte August, als Freunde von ihm heirateten und nach sechs Wochen Regen endlich mal wieder für ein paar Stunden die Sonne rauskam. Die ganze Hochzeitsgesellschaft knallte sich unter großem Hallo auf den Deich. Wie das eben so ist, wenn die Leute ausgehungert sind nach Sonne, wenn es so lange kalt und nass war in Norddeutschland, wenn es wieder mal einen dieser klassischen Regensommer gibt. Und wenn dann dieser eine Nachmittag kommt, der (fast) alles vergessen macht.

War das schön. So im Gras zu liegen, sich die Sonne auf den Pelz brennen zu lassen, links rauschte das Meer, rechts quietschten die Lämmer, und meine Hand suchte die seine, äh, wo, Moment mal …? Ich setzte mich auf und sah mich um. Signor Bruno war verschwunden. Einfach nicht mehr zu sehen. Er hatte mich sitzen lassen, zwischen all diesen Leuten, die ganz neu waren für mich.

Einer aus der Hochzeitsrunde, der ihn natürlich schon länger kannte als ich, deutete auf eine Wurst aus weißen Hemden neben mir. Ich tastete die Wurst ab. Tatsächlich. Signor Bruno hatte sich die abgelegten Hemden der anderen Herren geklaut und seinen Körper vollständig damit abgedeckt. Ich stutzte und traute mich nicht, was zu sagen. War ich mit einem Verrückten zusammen?

»Schattenitaliener«, sagte einer seiner alten Freunde, »er ist und bleibt ein Schattenitaliener.«

»Ein was?«, fragte ich.

»Monelli«, sprach eine Stimme unter den Hemden, »das ist so: Es gibt die eitlen Italiener, die sich den ganzen Tag einölen und am Strand räkeln, und es gibt Typen wie mich. Ich lieg eben lieber im Schatten.«

Ich war verwirrt. Ein Schattenitaliener. Was es alles gibt. Signor Bruno blieb ein Schattenfreund, den ganzen Rest jenes Sommers, und auch den größten Teil des darauffolgenden. Im September fuhren wir dann zur Verwandtschaft nach Apulien, vorher machten wir aber noch einen Abstecher nach Kalabrien. Signor Bruno hatte da überhaupt keinen Bock drauf.

»Kalabrien. Bah.«

Mit Kalabrien verhielt es sich wohl wie mit Lecce und all den anderen Orten, die Signor Bruno aus unerfindlichen Gründen nicht abkann. Aber ich wollte es mal sehen, dieses gefährliche, schroffe Kalabrien, und ich hatte so viel von den fantastischen Stränden und Steilküsten gehört.

»Strand«, sagte er. »Bah.«

Ich kann sehr dickköpfig sein. Wir mieteten uns für vier Tage in einem Badeort ein. Mit einem weißem Strand, mit vielen dramatischen Felsen und mit einem lila Himmel kurz nach Sonnenuntergang. Am ersten Tag klebte Signor Bruno ununterbrochen unter einer Mauer, die ungefähr zwanzig Zentimeter Schatten spendete. Er war sehr schlecht gelaunt. Am zweiten Tag ging er hin und wieder mal ins Wasser und ließ sich demonstrativ von den Wellen verprügeln.

»Ich hätte tot sein können«, sagte er jedes Mal, wenn er wieder rauskam und an mir vorbei in Richtung Mauer lief.

Aber am Abend des zweiten Tages lernten wir Otto kennen. Otto di Catania. Einen winzig kleinen, irre struppigen Köter aus Sizilien, der ein monumentales Selbstbewusstsein hatte und auf dem Handtuch neben uns wohnte. Otto tobte mal im Wasser, mal vögelte er seinen Ball, aber die meiste Zeit ruhte er sich in der Sonne aus. Otto und Signor Bruno freundeten sich an, und irgendwie färbte die heitere Selbstverständlichkeit, mit der dieser Hund Ferien machte, auf Signor Bruno ab. Schon nach einem Tag mit Otto tat Signor Bruno das, was am Strand alle tun: ein bisschen Ball spielen, ein bisschen palavern (»Otto findet …, Otto macht das immer so …, ich frag mal Otto, ob er …«), ein bisschen Eis essen, und ganz, ganz viel in der Sonne liegen und schlafen.

»Ich bin jetzt einer von den Eitlen, Monelli«, sagte er und seine Nase leuchtete rötlich.

In jenen Ferien in Kalabrien dachte ich, der Schattenitaliener ist abgeschafft. Ich dachte, Signor Bruno genießt jetzt die Sonne, wo er nur kann. Das war natürlich ein Irrtum. Schon in unserem nächsten Sommer zog er sich wieder unter Schirme, Bäume, Mauervorsprünge zurück. Als hätte es Kalabrien nie gegeben.

»Ich kann ja auch nicht aus meiner Haut, und die ist eben kostbar«, sagt er, wenn ich ihn darauf anspreche. »Außerdem ist es in der Sonne immer so heiß, gerade in Hamburg.«

Inzwischen hat er sich sogar eine teure Sonnenbrille zugelegt, falls das Licht ihm doch aus Versehen mal ans Auge gelangen sollte. Und ich steh dann da immer wieder und muss mir überlegen, wie man die Sonne sonst noch reinkriegt, in den armen Mann.

Pasta del Sole (für Lord Shadow)

Eine Handvoll *Walnüsse* leicht zerdrücken und in einer Pfanne (ohne Öl) ein paar Minuten rösten (Vorsicht, die verbrennen schnell). Rausnehmen und zur Seite legen. Zwei *Knoblauchzehen* andrücken und zusammen mit zwei scharfen *roten Peperoncini* und reichlich *Olivenöl* in die Pfanne geben und glasig werden lassen, bis die Küche duftet. Dann eine gute Handvoll sonnengetrocknete und in Öl *eingelegte Tomaten* etwas abtropfen lassen, in feine Streifen schneiden und zwei Minuten mitbraten. Drei Hände voll *Kirschtomaten* waschen, in die Pfanne geben und alles auf niedriger Hitze köcheln lassen, bis die Tomaten aufgehen und ihr Saft in die Pfanne fließt. Vorsichtig *salzen* und *pfeffern*.
400 g *Penne* in sprudelndem Salzwasser bissfest kochen, am Ende einen guten Schwung von dem Nudelwasser in die Pfanne geben und die Sauce damit binden. Pasta mit der Sauce vermischen, mit sehr klein gezupftem *Mozzarella,* ein paar Blättern *Basilikum* und den gerösteten Walnüssen bestreuen. Vor dem Essen bitte gut eincremen.

DER GROSSE KATER

Signor Bruno und ich waren da auf dieser Hochzeit. Ich liebe Hochzeiten. Das sind die schönsten Feste überhaupt. Alle geben sich große Mühe, extraschön auszusehen. Und ich war noch auf keiner Hochzeit, auf der nicht getanzt wurde. Mich macht es immer sehr stolz, mit Signor Bruno zu tanzen, denn er ist ein guter Tänzer. Er tanzt niemals aufdringlich, da ist keine eitle Gockelei, denn er tanzt nicht für die anderen. Er hat wie selbstverständlich immer den richtigen Beat im Knie. Und er ist mit ganzem Herzen dabei. Allein wegen der Tanzerei lohnt es sich, so viele Hochzeiten zu besuchen wie möglich.

Falls wir eines Tages mal heiraten sollten, Signor Bruno und ich, stelle ich mir das so vor: Das Fest und die Trauung werden unter freiem Himmel stattfinden. Dass ich gerne in Hamburg heiraten möchte, und dass es dort nicht mal im Juli eine Schönwettergarantie gibt, ignorieren wir jetzt einfach unauffällig. Ich werde natürlich ein weißes Kleid tragen, aber vielleicht wird es schwarze Punkte haben, damit mich keiner auslacht, denn Jungfräulichkeit mache ich nun wirklich niemandem mehr vor, mit Kind. Es wird ein schlichtes Kleid sein, aber ein großes. Mir schwebt schulterfrei und lang vor, mit einem Rock, der beim Drehen schwingt. Und ins Haar müssen Blumen, die sich dann im Brautstrauß wiederfinden. Vielleicht Kamelien. Oder sogar Maiglöckchen. Signor Bruno wünsche ich mir in seinem Lieblingsanzug: schwarz, schmal, feine Nadelstreifen. Modell Banküberfall. Weil wir nicht viel Geld zur Verfügung haben werden, gibt es auch kein wahnsinnig spektakuläres Essen. Vermutlich nur einen großen Topf Spaghetti und zum Nachtisch ein paar dicke Erdbeerkuchen, denn wir werden unser kleines Geld lieber in guten Wein und exzellente Musik investieren. Und dann wird natürlich getanzt, alle unsere Freunde werden da sein, und ihre Beine werden durch die warme Sommerluft fliegen, und es geht die ganze Nacht, rund und rum und rund und rum, und am nächsten Tag werden wir den Kater unseres Lebens haben, nach dem Fest unseres Lebens, nach der Party des Jahrhunderts.

Der Kater wird so ähnlich sein wie der heute, nachdem wir gestern auf dieser Hochzeit waren, und während der Schmerz in meinem Kopf kleine Löcher bohrt und dabei hässliche Geräusche macht, frage ich mich, ob es eigentlich bedenklich ist, wenn eine Frau ihre mögliche eigene Hochzeit so durchfantasiert, wie ich das gerade getan habe.

Aua.

Ach.

Egal.

Der Rausch war diesen schlimmen Kater wert: Wir waren schließlich sowohl die Ersten als auch die Letzten auf der Tanzfläche, und zwischendrin haben wir uns darum gekümmert, dass der Schnaps wegkommt. Aber wer bitteschön soll uns heute Abend eine anständige Pasta kochen, wenn Signor Bruno und ich beide mit Kopfschmerzen und leise wimmernd durch die Wohnung kriechen? Und trotzdem unbedingt irgendwas Fettiges, Salziges in die armen, armen Körper muss?

»Pommesbringdienst?«, frage ich, schwächlich.

»Nein«, sagt Signor Bruno, »zu klein. Pizza bestellen?«

»Nein«, sage ich, »zu groß.«

»Was dann?«, fragt Signor Bruno, und ich habe Angst, dass einer von uns beiden gleich zu weinen anfängt.

»Aliolio?«, flüstere ich. Das Sprechen fällt mir wirklich schwer.

Signor Bruno nickt, kaum merklich.

Wir reißen uns ein letztes Mal zusammen, wanken in die Küche und produzieren innerhalb von zehn Minuten die Notfallpasta: Spaghetti aglio, olio e peperoncini. Das muss man dann sehr schnell essen. Bevor die Couch die Menschen isst.

 ## Spaghetti Aglio, Olio e Peperoncini (für den Kater)

Zuerst mal jede Menge Kopfschmerztabletten nehmen und sich für zehn Minuten ordentlich am Riemen reißen. Dann zwei bis drei *Knoblauchzehen* andrücken und ein paar frische *Peperoncini* in feine Ringe schneiden. Den Boden einer schweren Pfanne mit *Olivenöl* bedecken und erhitzen, darin den Knoblauch und die Peperoncini bei mittlerer Hitze braten, bis der Knoblauch glasig ist.

300 g *Spaghetti* in sprudelndem Salzwasser kochen, währenddessen einen Bund *glatte Petersilie* hacken, zum Öl geben und ein bisschen ziehen lassen. Das Öl mit ein, zwei Löffeln kochendem Nudelwasser glattziehen. Die Nudeln abgießen, wenn sie al dente sind, gut mit dem Öl vermischen, eventuell noch etwas *salzen* und *pfeffern,* Teller schön voll machen – fertig. Und wer heute Abend aber auch wirklich von niemandem mehr belästigt werden will, isst die Knoblauchzehen.

ES GIBT LAMM, BABY

Die gesamte Familie von Signor Bruno hat eine Schwäche für Lamm. Wenn Cousin Antonio in Puglia Steaks auf den Grill haut, sind sie vom Lamm. Wenn ich zu Hause in Hamburg sage: »Heute Abend Salat. Willst du ein Stück Fleisch dazu?«, ist die Antwort: »Ja, Lamm.« Und wenn Mama Bruno im Restaurant gefragt wird, was sie essen möchte, sagt sie, ohne in die Karte zu sehen: »Lamm.«

Eine Katastrophe ist dann natürlich, wenn das Lamm nicht so richtig super ist. Wenn das Fleisch nicht zart wie Butter und saftig wie eine Melone ist, sondern trocken. Wenn es nicht innen rosig und außen knusprig ist, sondern einfach nur braun und labberig. Oder wenn es einfach zu groß ist, so dass am Ende nicht die Sehnsucht nach mehr bleibt. Wenn es vielleicht sogar nach Schafstall schmeckt.

Dann kennt meine italienische Familie keine Gnade.

Dann werden der Teller zur Seite und das Kinn nach vorne geschoben, dann kommt von allen ein leises »Bah«, und dann ist der Abend gelaufen.

Ich trau mich nicht ran an ein Stück gebratenes Lamm. Das ist mir echt zu heikel. Wenn Signor Bruno und ich ein gutes Stück Lamm essen wollen, dann gehen wir zu Antonio Gilio in die Juliusstraße und bestellen uns eins, denn besseres Lamm als das von Signor Gilio hat selbst Mama Bruno noch nicht gegessen. Aber Signor Bruno und ich heißen ja leider nicht Krösus, wir können es uns nicht leisten, so oft zu Signor Giglio zu gehen, wie dem italienischen Mann nach Lamm ist. Also greife ich hin und wieder zu einem Trick: Ich kaufe ein kleines bisschen Lamm und mache eine Pastasauce daraus. Während die Sauce köchelt, lasse ich die Fenster zu, denn dann verteilt sich der Geruch von Lamm auf dem Herd in der ganzen Wohnung, er kriecht unter der Wohnungstür hindurch ins Treppenhaus, und dort kriecht er Signor Bruno schon in die Nase, wenn er hungrig von der Arbeit nach Hause kommt. Bis er dann bei uns im vierten Stock ist, hat der Lammduft ihn schon um den Verstand gebracht, er merkt gar nicht mehr, dass dieses Essen kein dickes, rosiges, perfekt gebratenes Stück Fleisch ist.

Und ich kann in Unterwäsche und Schürze im Türrahmen stehen und mit blitzenden Augen sagen: »Liebling, ich habe dir Lamm gemacht.«

Orecchiette al Sugo d'Agnello (per due)

200 g *Lammgulasch* waschen und gut trockentupfen. Zusammen mit einem Schuss *Olivenöl*, einem Esslöffel *Butter* und einem *Rosmarinzweig* in einen Topf mit dickem Boden geben und rundherum anbräunen. *Salzen* und *pfeffern,* ein paar Esslöffel Wasser dazugießen, Deckel drauf und bei schwacher Hitze garen lassen, bis das Fleisch

zart ist. Ab und an nachschauen, ob das Fleisch noch ein bisschen Wasser braucht.

300 g *Orecchiette* in viel Salzwasser al dente kochen, abgießen, mit der Lammsauce vermischen und mit frisch geriebenem *Parmigiano* servieren.

DER FABELHAFTE KALABRESENMANN

Der Vater von Signor Bruno behauptet ja, alle Kalabresen seien Ganoven. Ich glaube nicht, dass er recht hat. Erstens ist das ein bisschen so, als würde man sagen, alle Giraffen klauen Karotten, und zweitens kenne ich ein paar ausnehmend liebenswerte Kalabresen. Der liebste von allen ist mir der Kalabresenmann in unserer Straße.

»Dein Zweitspaghetti«, sagt er immer, und dann gibt er mir ein Küsschen auf die Wange. Und als ich mal krank war, hat niemand so rührend nach meinem Befinden gefragt wie er. (Auch wenn niemand sonst so große Angst hatte, sich anzustecken.)

Der Kalabresenmann ist ein toller Typ. Die Weiber lecken sich die Finger nach ihm, das schwöre ich. Er hat immer so enge Jeans an, dazu T-Shirts von irgendwelchen wilden, furchtlosen Bands, alte Nadelstreifensakkos vom Flohmarkt und Stiefel oder flotte Lederschuhe. Er sieht echt gut aus, wie er in seinem Souterrainladen sitzt und vor sich hin grimmt.

Der Kalabresenmann grimmt oft. Erstens, weil das in der Natur der Kalabresen liegt. Zweitens, weil er ganz viel, was so passiert, nicht abkann. Zur Schau getragenen Reichtum zum Beispiel, und Reichtum trägt man ja in Hamburg gerne mal zur Schau. Genauso wenig mag er aber die alberne Antwort auf zur Schau getragenen Reichtum, dieses aufgesetzte Hippietum. Ich glaube, am schlimmsten aber findet er die Szenemütter. Diese Frauen, deren arme Kinder immer ein bisschen wie Accessoires wirken, etwas, das bitte gut auszusehen und Markenklamotten zu tragen hat und das man halt mitnimmt, wenn man stundenlang Eis essen oder Milchkaffee trinken geht. Und den Kinderwagen oder das Fahrrad mit dem Kindersitz dann vor dem Kalabresenschaufenster parkt, so dass keiner mehr seine Auslage sehen kann. Da wird der Kalabresenmann dann echt fuchsteufelswild, wenn das wieder so weit ist.

Ich habe ihn schon vor Jahren gebeten, mich zu erschießen, sollte ich mit meinem Kind eines Tages umgehen wie mit einer Handtasche und außerdem noch seine Geschäfte stören. Wie ich die Kalabresen so einschätze, würde er das sogar tun.

Okay, der Kalabresenmann ist nur ein halber Kalabrese, seine Mutter kommt aus Elmshorn, und seine Oma schnackt Plattdütsch. Aber er hat pechschwarzes Haar, so wie sich das gehört für einen Kalabresen. Und sein Vater Gino, der kam aus einem dieser typischen, finsteren Städtchen, die in Kalabrien auf diesen kargen, zerklüfteten Bergen kleben. Signor Bruno und ich waren einmal dort und haben uns das angeschaut, dem Kalabresenmann zu Ehren. Zappenduster war's da. Da gab es nicht mal Frauen. Nur grimmige, alte Männer, die nicht grüßten. Ich dachte: Mein Gott. Hier sperren sie tatsächlich ihre Frauen ein. Aber da hab ich wohl den Schrecken in die Langeweile fabuliert. Ganz so schlimm ist es dann doch nicht.

»Die Frauen hauen da einfach so schnell wie möglich

ab«, hat der Kalabresenmann gesagt, als wir ihm von der Stadt seines Vaters erzählt haben. »Weil sie schlauer sind als die meisten Männer.« Und dabei hat er sein Achtung-Kalabrese-Gesicht gemacht, mit vorgeschobener Unterlippe. So steht er auch gerne vor seinem Plattenladen rum. Macht das Gesicht und kuckt. Da kriegt man schon mal Schiss. Da geht man lieber schnell in den Kalabresenladen und kauft was.

Signor Bruno liebt den Kalabresenmann. Ein Mann aus seinem Land, genau vor seiner Tür. Und dann auch noch so einer. Was für ein Glück. Er muss mindestens einmal am Tag im Kalabresenladen vorbeischauen, das ist ganz wichtig.

»Ich geh noch mal zu meinem Kalabresenmann«, sagt er. Und dann stehen sie gemeinsam vor dem Plattenladen rum, geben sich gegenseitig kleine starke Kaffees aus, hören ein bisschen Rockmusik oder Elektro und kalauern durch die Gegend. Wenn ein hübsches junges Ding vorbeikommt, kucken sie. Freuen sich dann, dass sie Italiener sind.

Sonntags aber, wenn der Plattenladen zuhat und der Kalabresenmann schläft, steht Signor Bruno traurig auf unserem Balkon, kuckt zum Laden runter und seufzt.

»Hm. Gar keiner da heute.«

Da hilft nur eins: Den Kalabresen anrufen und ihn zum Essen einladen, und zwar pronto.

Pasta per Steve Calabretta (per tre)

Von 100 g frischer *Salsiccia Calabrese* die Haut abziehen und die Wurstmasse in einer Pfanne scharf anbraten. Zwei zerdrückte *Knoblauchzehen,* eine in Spalten geschnittene *rote Zwiebel,* zwei gehackte frische *Chilischoten* und einen guten Schuss *Olivenöl* dazugeben und alles ein bisschen brutzeln lassen. Mit 600 g *Tomaten aus der Dose* aufgießen und sehr vorsichtig *salzen* und *pfeffern,* die Salsiccia hat sicherlich schon ordentlich Zunder abgegeben.

500 g kurze, etwas dickere *Pasta* (Penne oder Rigatoni) in sprudelndem Salzwasser bissfest kochen, mit der Sauce vermischen und mit frischem, grob geriebenem *Parmigiano* servieren.

Secondi

UND JETZT SCHALTEN WIR
GANZ VORSICHTIG IN DEN ZWEITEN GANG

Alle, die mit Italienern zu tun haben, wissen es. *Alle,* die Leute kennen, die mit Italienern zu tun haben, wissen es. Es gibt keine Geschichte über Italiener oder über italienisches Essen, in der *nicht* davon erzählt wird. Trotzdem fallen *alle immer wieder* drauf rein, und das geht so: Mmh, die Pasta ist aber lecker, ja, klar, da nehm ich gern noch einen Nachschlag, wenn mir das schon angeboten wird, mmh, lecker, lecker, boah, jetzt bin ich aber wirklich satt, verdammt noch mal, ich glaub, ich hab doch zu viel Pasta gegessen. Was? Wie bitte? Das war erst der Anfang? Da kommt ein zweiter Gang? Das Essen geht jetzt erst richtig *los?* ZU HILFE!

In dieser Situation hat man zwei Möglichkeiten, sie sind beide unangenehm.

Wählt man Möglichkeit eins, isst man tapfer weiter (Fleisch, Fisch, Beilagen, Salat, Käse, Walnüsse, Schokoladentorte), bis es einem zu den Ohren rauskommt, und danach fällt man tot vom Stuhl. Die Italiener am Tisch werden das grässlich finden. Bei einem guten Essen tot vom Stuhl zu fallen, das gehört sich einfach nicht.

Wählt man Möglichkeit zwei, lehnt man schlicht ab, so wie man es kennt: »Danke, es hat mir sehr gut geschmeckt, aber ich bin satt.« Leider werden die Italiener am Tisch diesen Satz ignorieren und trotzdem Unmengen von Essen auf den armen Teller laden. Man wird irgendwie versuchen, das zu verhindern, aber es wird nicht funktionieren. Also stochert man ein bisschen im Essen rum und tut so als wäre nichts, isst aber auch nichts. Die Italiener am Tisch werden das Kinn vorschieben und dieses unsägliche Verhalten niemals vergessen. Bei einem guten Essen nur auf dem Teller rumzustochern, da hört der Spaß aber nun wirklich auf.

Und gerade diese gutaussehenden und vor allem schlanken Frauen um die dreißig oder vierzig kucken einen besonders missbilligend an. Ich dachte zuerst immer: Die nehmen bestimmt Tabletten. Irgendwelche gefährlichen Medikamente, die verhindern, dass sie so fett werden, wie ich definitiv werden würde, würde ich jeden Tag vier Gänge verputzen, mittags und abends.

Aber dann hab ich in einem Apulienurlaub die wunderschöne Agata beobachtet, die Frau von Signor Brunos Cousin Antonio. Agata hat die brutalstmöglichen schwarzen Locken, die eine Frau haben kann, ihr Gesicht ist das einer edlen Sarazenin, sie hat zwei Söhne und trägt Größe 36. Mein lieber Vater wurde ganz hektisch, als er sie sah, und er ließ sich zu selten dämlichen Witzen hinreißen. Auf Italienisch. Dazu muss man wissen: Mein Vater spricht kein Wort Italienisch. Es war für alle ein bisschen peinlich. Und ich fragte mich: Wie kann das sein, dass Agata ihr Leben lang diese Völlerei mitmacht, diese Pasta-und-Fleisch-Orgien, und dabei optisch so unangetastet bleibt?

Agata arbeitet mit System. Sie isst nach unauffälligen, aber sehr strikten Regeln. *Maximal* einen halben Teller

Pasta, egal wie köstlich. Und sie isst extrem langsam, pickt immer nur zwei Nudeln pro Gabel, so braucht sie für ihren halben Teller die gleiche Zeit, die andere (zum Beispiel ich) für zwei Teller brauchen. Beim zweiten Gang, wenn die Fleischlappen oder Fischberge kommen, verfährt sie nach genau dem gleichen Prinzip. Schön langsam essen, dabei immer fröhlich lächeln, und schwupps, sind die Teller schon abgeräumt, auch wenn dieser eine da noch halbvoll war. Hat gar keiner gemerkt. Dann noch ein Stückchen Käse, zwei, drei Nüsse, vielleicht eine Weintraube, und – huch, so ein Zufall – das kleinste Stückchen Torte.

Ich begriff, dass es geht. Man kann ein komplettes italienisches Menü genießen, man muss sich dabei keine Feinde machen, und man muss auch nicht zwangsläufig seine Kleider sprengen. Man muss nur mitdenken und höllisch aufpassen. Seitdem esse ich in Gegenwart meiner italienischen Verwandten wesentlich entspannter. Ich bin in ihren Augen vielleicht ein bisschen stiller und langsamer geworden, aber das lächle ich weg. Und dann schalte ich ganz vorsichtig in den zweiten Gang.

 ### Scaloppine al Limone e Martini (per Secondo)

Vier Esslöffel *Martini Bianco,* den Saft einer halben *Zitrone* und eine halbierte *Knoblauchzehe* vermischen und darin zwei *Kalbsschnitzel* etwa 2 Stunden marinieren. Dann das Fleisch aus der Marinade nehmen, trockentupfen, *salzen* und **pfeffern** und in ein bisschen **Butter** braten, bis die Scaloppine auf beiden Seiten goldbraun sind. Die Scaloppine aus der Pfanne nehmen, in Alufolie wickeln und kurz ruhen lassen. Die Pfanne mit der Marinade ablöschen und alles ein paar Minuten zu einer Sauce einköcheln lassen. Die Sauce mit Salz, Pfeffer und **Muskatnuss** abschmecken und eventuell noch mal mit einem Flöckchen kalter Butter binden.

Die Scaloppine auf den Tellern anrichten, mit der Sauce übergießen und mit geröstetem **Weißbrot** servieren.

Sehr fein dazu, wer's mag: in Butter geschwenkter **Spinat** mit einer Prise frisch geriebenem **Meersalz**.

VORVERTRAG MIT LIVORNO

Wie jeder anständige Mann hatte Signor Bruno als kleiner Junge nur zwei Berufswünsche: Er wollte Rennfahrer oder Fußballprofi werden. Rennfahrer wird man aber nur, wenn die Eltern komplett wahnsinnig und zugleich wahnsinnig reich sind. Signor Brunos Eltern waren immer recht normal, sowohl im Kopf als auch im Portemonnaie, die Idee »Rennfahrer« fiel also weg. Fußballprofi zu werden war eine weitaus realistischere Option. (Allerdings halten sich sowohl Signor Bruno als auch sein Papa immer noch offen, eines Tages mal als Testfahrer für Ferrari zu arbeiten. Zur Not auch für Fiat.) Warum es dann trotz dieser unglaublich positiven Voraussetzungen wie dem großem Talent und der übermenschlichen Fitness doch nichts wurde mit der Fußballkarriere, da hat Signor Bruno wie fast alle Männer um die vierzig jede Menge plausibler Erklärungen auf Lager. Meistens sind ja schlimme Schicksalsschläge oder einfach bessere Angebote schuld.

Ein Freund von mir, heute noch eine Stütze im Mittelfeld des Bezirksligisten SV Rugenbergen, war als Jugendlicher mal zum Probetraining bei Alemannia Aachen eingeladen. DIE Chance. Blöderweise fragte ihn genau an dem Nachmittag, als er in Aachen vorspielen sollte, die blonde Veronika, ob er mit ihr ins Kino gehen wolle. Veronika hatte schon mit fünfzehn die durchaus stattliche Körbchengröße D vorzuweisen. Mein Freund fand, dass der Profiverein in diesem Fall auch mal warten konnte. Alemannia Aachen hat nie wieder angerufen.

Bei Signor Bruno war es das Knie. Oder die Patellasehne. Oder beides. Das wird mal so und mal so kolportiert. Aber die langwierigen und komplizierten Verletzungen waren wohl der Grund, warum wir heute in eher bohème-haften Verhältnissen leben. Wäre er Profifußballer geworden, würden wir nämlich sicher nicht in einer heruntergekommenen Altbauwohnung im vierten Stock auf Sankt Pauli wohnen. Wir hätten ein kleines Haus mit Garten oder zumindest eine Erdgeschosswohnung mit Garten, vielleicht sogar irgendwo am Wasser. Ein altes Auto hätten wir wahrscheinlich trotzdem, aber bestimmt ein schnelleres mit mehr Chrom.

Ach ja. Hätte, wäre, wenn.

»Dieses verdammte Knie«, sagt Signor Bruno manchmal abends, wenn er vom Nachbarschaftskick auf einem fiesen Rotsandplatz kommt. (Wahlweise ist es auch diese verfluchte Patellasehne, aber meistens ist es das verdammte Knie.) Dann setzt er sich hin und hält sich die rechte Kniescheibe.

»Ich war echt auf dem besten Weg«, sagt er. »Ich hatte ja quasi schon einen Vertrag mit Livorno. Na ja. Ich hatte quasi einen Vorvertrag.«

Livorno ist nicht der Club, für den Signor Bruno brennt, das ist Juventus Turin. Aber Livorno ist ein sympathischer, etwas kleinerer Verein, der sich meistens aus den schmutzigen Machenschaften der italienischen Liga raushält. Livorno ist ein echt netter Verein, der in der ein oder anderen Saison auch mal mit gutem Fußball überrascht. Und zu behaupten, er habe die Möglichkeit gehabt, bei Juve anzuheuern, erscheint sogar Signor Bruno vermutlich doch etwas weit hergeholt.

Ach. Livorno ist unsere große Was-wäre-gewesen-wenn-es-geklappt-hätte-Geschichte, die es wahrscheinlich in jedem Leben gibt. Der Traum vom aufregenden, schnellen Leben. Die Idee, dass ein einziger Mann eine vielköpfige italienische Familie in Saus und Braus hätte leben lassen können, nur aufgrund seines außergewöhnlichen Talents. Leider, leider, leider ist dem Mann was dazwischengekommen. Dumm gelaufen. Kann nun wirklich keiner was dafür. Und ich käme natürlich niemals auf die Idee, die Geschichte mit Livorno und Signor Brunos Knie in Frage zu stellen.

 **Polpi alla Livornese
(per la Squadra Azzurra)**

Sechs mittelgroße küchenfertige *Tintenfische* waschen, gut abtrocknen und in *Mehl* wenden. Zwei *Knoblauchzehen* in *Olivenöl* anschwitzen, die Fische dazugeben und gleichmäßig bräunen. 200 g *Dosentomaten* und zwei gute Teelöffel *Kapern* dazugeben, *pfeffern*. Alles ungefähr eine Stunde auf kleiner Flamme schmoren lassen, gelegentlich umrühren. Am Schluss mit *Salz* abschmecken und gehackte *Petersilie* drüberstreuen. Dazu: schönes, weiches *Weißbrot*.

DER SIZILIANER VON NEBENAN

Paolo ist Sizilianer und hat ein kleines Café in Hamburg. Er sieht aus, wie ein Typ in einem Film aussehen müsste, der von einem Sizilianer mit einem kleinen Café in Hamburg handelt. Ich spreche hier nicht von diesem Klischeesizilianer im Mafioso-Look, den Signor Bruno manchmal aus Versehen gibt. Paolo geht eher so in die Richtung des jungen Philippe Noiret im Kinojuwel *Cinema Paradiso*. Er ist ein echter Padrone, der vor seinem Laden im Eingang lehnt und raucht, aber dabei wirkt er nicht altmodisch. Er trägt die Haare kurz und kratzig, und sein Bart ist so ein angedeutetes D'Artagnan-Ding. Und meistens hat er ein knülliges rotes Dreieckstuch um den Hals gebunden, das gibt ihm einen sympathischen Hauch von Pirat.

Die beiden hübschen Frauen, die das Café gemeinsam mit Paolo führen, backen immerzu Kuchen und süße Rosinenbrötchen oder Brioche. Es gibt eine Menge Männer in der Straße, die für die Damen schwärmen. Paolo hat das nicht nötig. Er hat die Schönheiten ja bei sich im Café. Und weil die Damen ganz fabelhaft backen und Kaffee kochen können, kann Paolo sich in Ruhe seiner Pasta widmen.

Die Pasta in seinem Café ist in der Regel steinhart, knallrot und raketenscharf. So wie sie sein muss, wenn ein

Sizilianer dafür verantwortlich ist. Die Pasta geht unter den Nachbarn weg wie geschnitten Brot. Um die Mittagszeit dampft auf jedem der sieben Tische in Paolos Café ein Teller Rotes. So gegen drei, wenn alle abgefüttert sind, gönnt sich Paolo selbst einen Teller, und dazu genehmigt er sich ein winziges Glas sizilianischen Wein. Mal weißen, mal roten, was eben gerade offen ist.

Den Nachmittag über kann man am besten sehen, wie stolz Paolo auf seinen Laden ist. Er sitzt mal hier und mal da am Tisch. Er trinkt Kaffee. Er beredet wichtige Dinge mit den anderen Italienern, die vorbeischauen. Ab und zu stellt er sich in den Eingang, raucht eine Zigarette und beobachtet die Straße. Und abends, wenn es kühl wird und die Gäste in ihren Wohnungen verschwinden, holt er die Blumen rein.

Irgendwie scheint Paolo alles richtig zu machen.

Er lebt in Deutschland, aber er ist durch und durch Italiener, ohne auch nur einmal am Klischee zu schnuppern. Wenn Signor Bruno einen Mittag frei hat, setzt er sich in Paolos Café, isst einen Teller harte Pasta, trinkt dazu ein kleines Glas Wein und danach einen Kaffee, und beobachtet den Sizilianer Paolo beim Italienisch-Sein.

Ich hab das Gefühl, das tut ihm irgendwie gut.

Pomodori ripieni (per Paolo)

Acht mittelgroße reife *Tomaten* waschen, den Deckel abschneiden und die Samenkerne herausschälen. Die Tomaten *salzen* und zum Entwässern umgekehrt auf einen Teller setzen. Eine gehackte *Zwiebel* langsam in *Olivenöl* goldgelb dünsten. Den Topf vom Herd nehmen und zwei bis drei zerkleinerte *Sardellen,* zwei Bund gehackte *Petersilie,* zwei Teelöffel gehackte *Kapern* und vier Esslöffel *Semmelbrösel* dazugeben. Mit *Salz, Pfeffer* und einer Prise *Muskatnuss* abschmecken und gut verrühren.

Die Mischung in die Tomaten füllen, die Deckel wieder draufsetzen, die Tomaten in einen mit Olivenöl ausgeschwenkten Bräter setzen, mit Olivenöl beträufeln und mit ein paar Semmelbröseln bestreuen. Bei 160 °C eine halbe Stunde im Ofen garen.

EIN TOPF FRIEDEN

Manchmal regnet's einem ja so richtig nass rein. Es blitzt und donnert im Leben, es geht einfach jede Menge schief, nichts klappt so richtig, und das passiert auch grundsätzlich immer genau dann, wenn im Kopf, im Herz, im Bauch, überall da, wo der Mensch empfindlich ist, eh schon alles patschnass ist. Früher, als ich Signor Bruno noch nicht an meiner Seite hatte, war ich in solchen Phasen ziemlich aufgeschmissen. Ich legte mich jammernd vor die Glotze oder enterte die nächstbeste Bar, um mich hemmungslos zu betrinken. Ich stümperte mich irgendwie durch die Zeit der Niedergeschlagenheit, und wenn es dann irgendwann vorbei war, sah ich fünf Jahre älter aus. Mit einem Italiener im Haus läuft so was völlig anders. Da wird gegen die Boshaftigkeit der Welt nicht mit Fernsehserien und Alkohol angegangen, sondern mit einem warmen Topf Fleisch.

Neulich zum Beispiel. Der kleine Bruno war die Woche über krank gewesen, ich hatte nicht arbeiten können. Meine Arbeit nervt mich natürlich genauso wie jeden anderen Menschen auch, aber wenn sie nicht da ist, fehlt sie mir sehr. Ich fühle mich halbiert und leergekratzt ohne meine Arbeit. Darum musste ich Signor Bruno in jener Woche jeden Abend, wenn er vom Arbeiten nach Hause kam, dumm von der Seite anmachen. Es war also auch für Signor Bruno keine schöne Woche, zumal er Zahnschmerzen hatte und Ärger in der Firma. Und das alles mit ganz wenig Schlaf, denn der kleine Bruno hat nachts viel geweint. Am Samstagmorgen dann – der kleine Bruno sprang wieder quietschfidel durch die Bude, seit ungefähr halb sechs – rutschte ich auf einem Bauklötzchen aus und zerdepperte dabei eine geliebte, alte Blumenvase. Ich brach in Tränen aus. »Kann ich bitte ein Glas Wodka und eine Fernsehserie haben?«

»Die Fernsehserie kriegst du von mir aus«, sagte Signor Bruno, »aber den Wodka nicht. Es ist halb zehn Uhr morgens. Vergiss nicht, dass wir Verantwortung tragen.«

»Wir tragen heute schon wieder seit vier Stunden Verantwortung«, sagte ich. »Ich kann nicht mehr.«

»Stimmt«, sagte Signor Bruno und sah mich an. »Du kannst nicht mehr. Du brauchst Hilfe.«

Ich nickte.

»Du brauchst ein Caldariello.«

»Ja«, sagte ich, »ein Caldariello wäre gut.«

Ein Caldariello ist ein Lammtopf. Eine warme, weiche Angelegenheit. Man muss kaum kauen, und man muss auch nicht viel tun, um ein Caldariello zu bekommen. Man muss es einfach nur aufsetzen. Danach kann man die Aufmerksamkeit sofort wieder aufs Wundenlecken richten. Ein Caldariello ist das perfekte Essen, um den inneren Frieden wiederherzustellen.

»Wir machen das so«, sagte Signor Bruno. »Ich geh mit dem kleinen Spinner in den Park und lass ihn rennen. Du setzt das Caldariello auf und lässt es schmoren. Und später, wenn alles ruhig ist, setzen wir uns aufs Bett und essen mit dem Löffel.«

Nach der Tour durch den Park war der kleine Bruno sehr müde. Er aß noch ein paar Spaghetti, dann fiel er in einen tiefen, dreistündigen Schlaf. Wir auch. Und als alle wieder einigermaßen wach waren, holten wir das Caldariello zu uns ins Bett, tunkten das Weichbrot und lutschten das Lamm. Danach sahen sowohl wir als auch das Bett aus wie Sau, aber innendrin, da schien wieder die Sonne.

Caldariello (für den Frieden)

600 g kleingeschnittenes *Lammfleisch* aus der Keule in einem mittelgroßen Topf im eigenen Fett anbraten, mit *Meersalz* und *Pfeffer* würzen. Zwei *Knoblauchzehen* andrücken, eine *Zwiebel* in Ringe schneiden und in den Topf geben. Eine *Fenchelknolle* mitsamt dem Fenchelkraut sehr fein schneiden und auch kurz mitbraten. Alles mit einem halben Liter *Schafsmilch* oder *Ziegenmilch* (bekommt man im Bioladen) und 100 ml *Olivenöl* aufgießen. Bei schwacher Hitze schmoren, bis das Fleisch sehr zart ist, was schon mal ein paar Stunden dauern kann. Hin und wieder umrühren, damit die Milch nicht anbrennt. Für die letzte halbe Stunde den Deckel vom Topf nehmen und das Caldariello offen köcheln lassen, damit es ein bisschen eindickt. Ganz am Schluss ein Bund Petersilie grob hacken, zum Caldariello geben und kurz mitziehen lassen. Auf tiefen Tellern servieren und sehr weiches *Weißbrot* dazu reichen.

EINE WAFFE AUS FISCH

In Süditalien gibt es etwas sehr Schlimmes: *una paranza*. *Una paranza* ist nichts Kompliziertes. Sie tötet schnell und gnadenlos. Sie ist einfach nur eine Wagenladung frittierter Fisch. Aber sie ist hinterhältig. Sie ist eine Sirene. Sieht wahnsinnig verführerisch aus, eine Symphonie aus verschiedenen Meeresbewohnern, eingebettet in Zitronen und Petersilie, und wenn so eine *paranza* an einem vorbeigetragen wird, dann duftet sie nach Olivenöl und Knusprigkeit und Ozean, dann kann man einfach nicht widerstehen, und schon ist man verloren. Ich bin einmal schwach geworden, ein einziges Mal. Seitdem bin ich absolut unempfänglich für die Reize der *paranza*. Es war einfach zu schrecklich.

Wir saßen an einem winzig kleinen Hafen, in einer winzig kleinen Bucht bei Pozzuoli. In unserem Rücken türmten sich winzig kleine Häuser, in winzig kleinen Pastellfarben gestrichen, es war alles so wahnsinnig winzig, und nichts wirkte auch nur irgendwie gefährlich, und dann war es auch noch so herrlich warm, mitten im November. Bei uns zu Hause war ja quasi schon Winter. Da wird man schon mal ein bisschen klebrig im Kopf und begreift nicht mehr besonders schnell, was hier Sache ist. Leichte Beute für die *paranza*.

Wir saßen also in diesem Restaurant an der Mole, auf

weißen Stühlen und unter gelben Sonnenschirmen, die Katzen und Kinder strichen uns um die Beine oder lungerten faul auf den Netzen der bunten Fischerboote herum, der Weißwein war kühl und fruchtig, wir hielten unsere Nasen in die Speisekarte und schwankten noch zwischen Spaghetti mit Venusmuscheln und Linguine mit Scampi, als auf dem Nebentisch eine Platte landete. Mit Fisch, Fisch, Fisch.

»Madonna«, sagte Signor Bruno, und ich sagte: »Boah. Das will ich auch.«

»Das ist hart, meine Kleine.« Mein Freund hat durchaus versucht, mich zu beschützen.

»Wieso?«, fragte ich.

»Das ist *una paranza*«, sagte er. »Das ist nur was für Profis.«

»Ich bin Profi«, sagte ich und kuckte entschlossen.

Hätte er mir weiter die Fähigkeiten für diese Fischplatte abgesprochen, hätte ich mit irgendwas gedroht, vielleicht hätte ich gedroht, die Luft anzuhalten oder den ganzen Laden zusammenzubrüllen oder sonst etwas Peinliches zu tun. Signor Bruno hat mir das vermutlich angesehen und sagte: »Okay.«

Eine Viertelstunde später stand sie dann vor uns, *la paranza*. Und wir schlemmten. Mein Gott, war das lecker. Verboten fettig zwar, aber verdammt, wir hatten ja schließlich Ferien.

Kurze Zeit später lag ich in unserem Hotel auf dem Bett und weinte. Da war ein schlimmes Gefühl in meinem Bauch, es war, als würde gleich ein Alien explodieren. Ich konnte zwei Tage lang nichts mehr essen. Signor Bruno hielt mir das Händchen und streichelte mir den Kopf, und er sagte auch nur ein einziges Mal: »Ich hab dich gewarnt, mein Herz. *Una paranza* ist nichts für nordeuropäische Mägen. Euer Körper ist dafür einfach nicht gemacht.«

Das Gute an der *paranza,* ich erwähnte es eingangs schon: Sie ist schlicht. So gefährlich sie auch sein mag, so prima kann man sie entschärfen. Man muss einfach nur die Friteuse weglassen.

Und der Ozean schmeckt auch ohne Fett, versprochen.

 ## Una Paranza, die einen nicht umbringt (per due)

Jeweils zwei bis drei gute Hände voll *Tintenfische* und *Garnelen* und zwei feste *Fischfilets* (Lachs, Rotbarsch, Steinbeißer, was eben gerade zu kriegen ist) waschen und abtrocknen. In zwei großen, schweren Pfannen eher wenig als viel *Olivenöl* erhitzen und darin jeweils zwei ganze, angedrückte *Knoblauchzehen* und eine *Chilischote* (frisch oder getrocknet) schmelzen. Währenddessen Fisch und Meeresfrüchte leicht *salzen* und das Filet und die Tintenfische zusätzlich mit ein bisschen *Mehl* einreiben. Dann in die eine Pfanne die Tintenfische legen, in die andere die Garnelen und das Filet. (Wichtig: Falls die Garnelen tiefgefroren waren, müssen sie jetzt ganz aufgetaut sein, sonst tritt Wasser aus, und dann wird das Filet labberig.)

Die Garnelen von beiden Seiten braten, bis sie schön

orange sind, das Filet genauso lange in der Pfanne lassen, zwischendrin einmal umdrehen. Die Tintenfische nach 2, 3 Minuten auf mittlere Hitze runterdrehen und mit einem guten Schuss *Weißwein* ablöschen. Nach 7 bis maximal 10 Minuten zuerst die Garnelen rausnehmen, dann das Filet und zum Schluss die Tintenfische. Alles auf einer großen Platte anrichten, mit *Zitronenhälften* und frischer, gehackter *Petersilie* anrichten und mit *Weißbrot* servieren. Hurra, *una paranza*.

DER GUMMIBAUM

Wenn zwei Menschen mittleren Alters, die sich lieben, ihre Eltern zusammenbringen, führt das zu
denkwürdigen Szenen. Man muss sich ja nur mal vorstellen, was da passiert: Zwei älteren Leutchen, die ziemlich
unverrückbar so sind, wie sie sind, die ihre eigenen Ritu-
ale haben und ihre eigene Sprache, und denen es im All-
gemeinen schwerfällt, sich auf etwas Neues einzustellen,
werden plötzlich zwei neue Familienmitglieder präsentiert, die exakt so unflexibel sind wie sie selbst. Da müssen sich alle Beteiligten ungeheuer am Riemen reißen.
Das ist im besten Fall lustig. Im schlimmsten Fall weiß
keiner, mit wem genau er der Situation am besten entflie-
hen soll, aber Hauptsache, weg hier.
Signor Bruno und ich hatten Glück. Unsere Eltern waren
sehr froh, dass ihre schwer vermittelbaren Kinder endlich jemanden gefunden hatten. Sie verstanden sich recht
schnell. Unsere beiden Väter sind sich ziemlich ähnlich.
Vorlieben: Autos, Witze reißen, misstrauisch sein. Und
unsere Mütter sind gleichermaßen liebevoll und unkom-
pliziert, das lief wie von selbst. Außerdem freuen sich
Frauen in jedem Alter darüber, mal wieder eine andere
zum Quatschen zu haben.
Wobei gerade das mit dem Quatschen manchmal nicht
so einfach ist. Es gibt da dann doch ein paar Sprachbar-

rieren, und zwar auf beiden Seiten. Mama und Papa Brunos Muttersprache ist eben Italienisch, und dann mischt sich da nach vierzig Jahren in Flensburg auch noch ein guter Schuss Plattdütsch rein, das ist nicht immer leicht zu verstehen. Meine Eltern wiederum sprechen in Codes. Meine Mutter ist Hamburgerin, mein Vater kommt aus Nürnberg, die Mischung aus beiden Dialekten finde ich hochkompliziert. Und sie müssen im Laufe der Jahre gelernt haben, mit dem anderen telepathisch zu kommunizieren. Auf jeden Fall lassen sie in jedem Satz die Hälfte der Informationen weg, aber sie verstehen trotzdem immer, wovon der andere spricht. Im Gespräch mit Außenstehenden vergessen sie dann offensichtlich, dass nicht alle Telepathen sind.

Im letzten Sommer, als Signor Bruno Geburtstag hatte, trafen sich unsere Familien im Garten meiner Eltern zum Grillen. Das machen wir oft so, denn der Garten liegt so ziemlich auf der Hälfte zwischen Hamburg und Flensburg, das ist für alle schnell zu erreichen, und manchmal kommen auch Freunde mit. An diesem Tag kam Isabella. Isabella ist die beste Freundin von Mama Bruno und eine sehr gute Köchin, sie führt in Flensburg ein italienisches Restaurant. Isabella kommt ursprünglich aus der Basilikata, das ist ein rauher, bergiger Landstrich zwischen Apulien, Kampanien und Kalabrien, und so robust wie das Land ist auch Isabella. Ihr Herz ist so groß wie ihr Busen, und ihre Geduld so klein wie sie selbst. Sie ist genau das, was man sich unter einer italienischen Köchin und Mutter von drei erwachsenen Söhnen vorstellt. Ich glaube, wer in Isabellas Küche nicht spurt, sollte sich lieber die Ohren zuhalten.

Als an Signor Brunos Geburtstag endlich alle da und überschwenglich begrüßt waren, verteilten sich die Männer um den Grill, ich zog mich in die Küche zurück, um den Salat zu machen, und übers Wohnzimmer zog sich ein Teppich aus beharrlichem Schnattern. Meine Mutter, Mama Bruno und Isabella bekakelten erst mal die Einrichtung und Dekoration des Hauses. Ah, die Kissen auf der Couchgarnitur. Ja, sehr gemütlich. Ah, die schönen Vorhänge. Ja, die sind neu. Ach, was für ein süßes Bild vom kleinen Bruno! Nicht wahr? Aber macht der Kamin nicht sehr viel Dreck? Nein, das geht, das macht ja mein Mann. Soso, aha.

Ich kippte Olivenöl über den Salat.

»Romina«, hörte ich Mama Bruno im Wohnzimmer zu meiner Mutter sagen, »was istä dasä für einä Pflanzä hintä di Esstischä? Istä neu?«

Ich frage mich immer, wann ich in das Alter komme, in dem ich anfange, mich über Zimmerpflanzen zu unterhalten.

Meine Mutter telepathierte: *Ja, die ist neu, die war bei eurem letzten Besuch noch nicht da.* Unterdessen rückte sie ein paar Stühle zurecht und sagte dann: »Nee, das ist ein Gummibaum.«

Warum meine Mutter ihren Sätzen so gerne dieses »Nee« vorausschickt, weiß nur der Himmel.

Ich ließ Salz und Pfeffer über den Salat rieseln und mischte ihn gut durch. Im Wohnzimmer entstand eine irritierte Stille.

»Einä Gummibaumä?«, fragte Mama Bruno.

»Nee, das ist eine ganz besondere Sorte von Gummibaum, der ist viel schlanker als andere Gummibäume.«

»Gummi Baumä?«, fragte Isabella.

»Mal sehen«, sagte meine Mutter, »wie hoch der ge-
wachsen ist, wenn ihr das nächste Mal kommt!«

»Die wächstä?«, fragte Mama Bruno. »Die Gummibaumä?«

Ich hörte, wie sie das mit ihrer Freundin auf Italienisch
besprach, verstand aber nur die Hälfte, denn die Mädels
sprachen in ihrem süditalienischen Heimatdialekt, der
ungefähr so krass ist wie tiefstes Schwäbisch. Aber ich
verstand, dass die drei Frauen bei ihrem Gespräch über
den Gummibaum einen Übersetzer brauchten, sonst würden sie niemals zu einem Ergebnis kommen. Meine Mutter plapperte munter weiter über die figürlichen Beson-
derheiten ihrer Wunderpflanze, halb Gummi, halb Baum.
Ich drückte den Saft einer halben Zitrone über dem Salat
aus und rief durch die offene Küchentür:

»Der Baum ist nicht aus Gummi!«

»Ah so«, sagte Mama Bruno, »die heißtä nur Gummibaumä?«

Und Isabella sagte: »Wießo?«

»Nee«, sagte meine Mutter, »aber das ist eben diese ganz
besondere Sorte.«

Ich gab auf, rührte weiter in meinem Salat und versuchte, nicht mehr hinzuhören.

Später, beim Grillen, war es dann mein Vater, der voll ins
Klo griff.

Isabella machte zu dieser Zeit eine Diät. Die Diät war
ernst, vom Arzt verordnet und schon Tage vorher telefonisch angekündigt worden. Damit da nichts schiefgeht. Zu Isabellas Diät gehörte natürlich, dass sie absolut
nichts von unseren in Öl eingelegten Schweinereien essen

durfte. Sie hatte sich zwei Rinderfilets mitgebracht, die nur ganz leicht gesalzen auf den Grill kommen sollten.

Mein Vater hat nie eine Fremdsprache gelernt, aber er ist ein Sprachtalent. Er lernt fremde Sprachen nur durchs Zuhören. Vielleicht ist er aber auch einfach mutiger als andere und redet fröhlich drauflos. Auf jeden Fall hat er angefangen, in Halbsätzen italienisch zu sprechen, seit die Familie Bruno in sein Leben kam. Also fragte er Isabella, nachdem wir anderen mit unserer Wagenladung Meeresfrüchten durch waren: »Isabella, soll jetzt il tuo cane auf den Grill?«

Isabella sah ihn verblüfft an. »Meinä cane?«, fragte sie. »Meinä cane istä bei miä zu'ause.«

Die Italiener im Garten schwiegen betreten. Und ich brauchte einen Moment, bis ich begriff. Mein Vater hatte Isabella soeben gefragt, ob ihre treue Pekinesendame Daisy jetzt mal endlich auf den Grill sollte. *Cane* heißt *Hund*. Das Fleisch, das er gemeint hatte, wäre *carne* gewesen.

Wir können alle von Glück sagen, dass Isabella aus der Basilikata kommt, und dass die Leute dort nicht zimperlich sind. Sie bemerkte die Verwechslung im gleichen Moment wie ich und lachte, dass der Garten wackelte.

Meine Eltern kuckten wie Autos, aber als Signor Bruno und seine Eltern in Isabellas Gelächter einfielen, lachten sie vorsichtshalber mal mit. Und als Isabella sagte: »Willälm, du musstä sagen Fleischä undä nichtä Hundä!«, verstanden sie zwar wirklich gar nichts mehr, aber weil Isabellas Busen so schön wogte, war das auch egal.

Am Ende kamen weder Hund noch Mensch zu Schaden. Nur der arme Gummibaum, der steckt seitdem in einer tiefen Identitätskrise.

Grigliata mista (für die ganze Familie)

Einen ordentlichen Sack voll kleiner *Tintenfische* (vom Fischhändler geputzt und ausgenommen) und großer *Scampi* (mit Kopf) in reichlich *Olivenöl,* frischen *Peperoncini* und *Knoblauch* einlegen. Außerdem ein paar *Rindersteaks* und *Lammkoteletts* in Olivenöl, viel frischem *Rosmarin* und ein paar *Thymianzweigen* marinieren. Alles über Nacht im Kühlschrank ziehen lassen. Am nächsten Tag rechtzeitig (!) den Grill anschüren und dann zuerst die Meeresfrüchte, nach einer kleinen Verschnaufpause das Fleisch grillen. *Salzen* und *pfeffern* nicht vergessen! Noch wichtig: Beide Väter an den Grill lassen.

Das Grillgut mit buntem *Salat* und geröstetem *Brot* unter einem großen Sonnenschirm servieren.

HERR FRITZE AUS DER SESAMSTRASSE

Lange bevor man auf die Eltern eines neuen Partners trifft, lernt man ja einen ganzen Haufen Freunde kennen. Was Signor Brunos Freunde angeht, passierte das in einem atemberaubenden Tempo. Als hätten auch sie verzweifelt darauf gewartet, dass der Junge mal wieder irgendwo andockt. Und dann, als es endlich, endlich geklappt hatte, musste die neue Frau schnellstens unter die Lupe genommen werden, wahrscheinlich um sie im Zweifel anzuketten. (Inzwischen kann ich das gut verstehen. Signor Bruno ist ein so hingebungsvoller Familienmensch, dass es an Verschwendung grenzt, wenn dieser Mann alleine durch die Gegend läuft.)

Ich muss gestehen, ich fühlte mich zwischendurch immer mal wieder überrollt von dieser Welle aus Freundlichkeit. Vielleicht auch, weil man das ja nicht unbedingt erwartet. Ich hab in meinem Leben schon in sehr zähen Das-ist-meine-neue-Freundin-und-das-sind-meine-Freunde-Runden gesessen. Und auch in meinem Kabinett sind ein paar Soziopathen, die ich schon immer eher dosiert auf neue Männer losgelassen habe. In Signor Brunos Freundeskreis ist das irgendwie anders. Da sind sogar die Freaks ausgesprochen liebenswert und freundlich.

Einer der liebsten von allen ist mir Herr Fritze. Herr Fritze ist ein Menschenfreund, wie man ihn wirklich nur sehr selten findet auf diesem Planeten. Er hilft, wo er kann, auch wenn das heißt, dass es für ihn selbst unangenehm wird. Er nimmt Flüchtlinge auf. Er karrt Leute von A nach B und wieder zurück. Er weiß, wie man aus kleinen Kindern gute Erwachsene macht. Er findet für jeden das passende Geschenk, und diese Geschenke sind niemals teuer, er denkt einfach gezielt nach und macht sich dann auf die Suche. Und er weiß immer, wenn irgendwo was passiert, bei dem man dabei sein sollte, ob das jetzt ein Konzert, ein Lagerfeuer oder eine Demo ist. Bei all dem ist er unverkrampft und fröhlich und mitunter auch wahnsinnig lustig. Mit Herrn Fritze ist man einfach gerne zusammen.

Ich glaube, deshalb geschehen ihm auch oft sehr schöne Dinge. Er kommt supergünstig an einen schicken alten Saab, Cabrio natürlich, und dazu gibt's noch einen VW-Bus. Oder jemand schenkt ihm ein kleines, charmantes Holzhaus am Alsterlauf, einfach so, einer muss es ja haben und sich drum kümmern. Oder die hübsche Frau Kommissarin, die mit ihm die Wohnung und das Leben teilt. Solche Sache passieren Herrn Fritze, und ich glaube wirklich, die passieren, weil er ein guter Mensch ist. Wer gut ist, dem fliegt das Gute manchmal eben einfach zu.

Herr Fritze veranstaltet regelmäßig kleine Feste in seiner Wohnung, im Sommer auch auf dem Wendehammer davor. Dann kommt eine wilde Mischung von Leuten zusammen, die er alle von irgendwoher kennt (von irgendeinem rumänischen Flohmarkt vielleicht, auf dem er mal übers Wochenende war, um alte Ölbilder zu kaufen, man weiß ja nie, wozu man die noch brauchen kann). Und Herr Fritze fährt auf. Kocht und brät und brutzelt, die dollsten Leckereien packt er auf die Teller. Ein buntes Durcheinander von Fisch, Fleisch, Früchten, Schokolade, Himbeerschnaps, und immer ist alles so köstlich. Auf Herrn Fritzes Festen fühlt man sich ein bisschen, als wäre man in der Sesamstraße zu Gast.

Das Größte aber sind die Abende, an denen Herr Fritze Pizza macht. Dann wimmeln alle durch die Küche, auf den Nasen klebt Mehl und die Freude in der Wohnung ist riesig, denn das, was das einzig Wichtige an einer Pizza ist – der Teig – ist eine glatte Eins. Es ist wirklich so: Ich habe in Deutschland noch keinen besseren gesehen. Er schlägt sogar viele der Pizzateige, die ich in Italien gegessen habe. Und belegt wird die Pizza natürlich bunt, bunt, bunt, Herr Fritze hat alles da. Fisch, Fleisch, Früchte, Schokolade, Himbeerschnaps, wie sonst auch. Auf diesen Pizzapartys sind alle immer restlos bedient und glücklich.

Der Einzige, der manchmal ein bisschen skeptisch im Türrahmen lehnt, ist Signor Bruno. Denn auch, wenn er Herrn Fritze heiß und innig liebt: Ein deutscher Mann, der weiß, wie man eine gute Pizza macht? Das kann nicht sein. Er knabbert dann maximal an einem Stück Rand.

Pizza alla Fritze (mit Schmollfaktor)

Aus 300 g *Weizenmehl*, 200 g *Hartweizengrieß,* einem Päckchen *Trockenhefe,* einem Teelöffel *Salz,* vier Esslöffeln *Olivenöl*, 300 ml *Wasser* und einer Prise *Zucker* einen glatten Teig kneten.

Den Teig eine halbe Stunde gehenlassen, dann noch mal gut kneten. Wichtig ist (sagt Herr Fritze), dass man das jetzt so lange knetet, bis man zwischen sich und dem Teig eine Verbindung spürt. Das Gefühl für die Pizza muss stimmen. Den Teig sehr, sehr dünn ausrollen, mit *passierten Tomaten* bestreichen, leicht *salzen,* mit *Mozzarella* belegen – und dann mit allem, was sonst noch lecker sein könnte.

Den Backofen auf 220 °C vorheizen. Die Pizza backen, bis sie knusprig ist. Knallheiß servieren.

DER FLUCH DES LUTSCHER

Es gibt ein Thema bei Signor Bruno und mir, das ist sowas wie eine Garantie für Stunk: Torsten Frings. Anführer und bombenstarker Defensivmann der deutschen Fußballnationalmannschaft im Sommer 2006. Die Nummer 8, auch genannt: der Lutscher. Der Lutscher ist wirklich eine Wucht, auch so als Typ. Zottelig, gefährlich, maulfaul. Ich bin ein großer Lutscher-Fan. Während der Weltmeisterschaft 2006 – und jetzt lehne ich mich aus dem Fenster – war er für die deutsche Mannschaft wertvoller als Michael Ballack. Der Lutscher war einfach eine Bank, nach vorne, nach hinten, in den Himmel.

Signor Bruno bestreitet das nicht. Er hat großen Respekt vor Torsten Frings, wie vermutlich alle Italiener. Denn es kann weh tun, gegen einen wie Torsten Frings zu spielen, und italienische Fußballer können das nicht gut aushalten, wenn was weh tut. Außerdem konnte Frings in Topform Spiele entscheiden, gerade gegen eine Heulsusen-Truppe wie die Italiener. Denn Frings spielte humorlos, entschlossen und kraftvoll, und spätestens bei ihm war Schluss mit dem Spielzug. Während der WM 2006 war Torsten Frings in der Form seines Lebens.

Das alles war den Leuten von einigen italienischen Fernsehsendern ein bisschen zu pericoloso. Zu gefährlich, zu riskant, so kurz vor dem Halbfinale Deutschland gegen

Italien. Die ahnten, dass Italien gegen eine deutsche Mannschaft mit Frings verlieren könnte. Eine deutsche Mannschaft ohne Frings war schon weitaus weniger bedrohlich. Also petzten die Leute vom Fernsehen. Der Lutscher hatte nach dem Viertelfinale gegen Argentinien dem argentinischen Spieler Julio Cruz wahrscheinlich eine gelangt. Das war sicher nicht die feine Art, aber so was kann mal passieren, bei einer Rudelbildung nach einer Entscheidung im Elfmeterschießen. Und der Lutscher war nun wirklich nicht der Einzige, der irgendwem eine gelangt hat. Sogar Julio Cruz, der laut italienischen Fernsehberichten so tierisch eine abgekriegt hat, sagte: halb so wild. Da war gar nichts. Ich hab zumindest nichts gemerkt.

Aber die FIFA hat nun mal ihre Regeln. Und das italienische Fernsehen sendete unablässig dieses Video, in dem man mit ein bisschen bösem Willen durchaus erkennen konnte, dass die Faust vom Lutscher da schon irgendwas macht. Also war die FIFA fast gezwungen, den Lutscher für das nächste Spiel zu sperren: das Halbfinale Deutschland gegen Italien.

Was dann passierte, hat sich tief in die deutsche Fußballseele eingebrannt. Ohne Torsten Frings stand es 0:0 nach neunzig Minuten. Es ging in die Verlängerung. In der 119. Minute hat Bastian Schweinsteiger dann für ein paar Sekunden nicht aufgepasst, und der Ball ging im Mittelfeld verloren. Er landete auf dem Fuß von Fabio Grosso, zack – 1:0 für Italien. Die Deutschen schmissen alles nach vorne. Schnell den Ausgleich schaffen, irgendwie. Sie waren hinten offen wie ein Scheunentor. Dann schoss Alessandro del Piero. Ins linke obere Eck. Ins Herz. 2:0. Italien war ins Finale eingezogen. Und wurde am Ende Weltmeister, nach einem miesen Spiel gegen Frankreich, in dem nur Beton zählte und es außer der Szene, in der Zinedine Zidane seinen Kopf in Marco Materazzis Bauch rammt, nichts Aufregendes zu sehen gab. Ach.

Hätten die Leute vom italienischen Fernsehen nicht gepetzt, hätte die FIFA den Lutscher nicht gesperrt, wäre Deutschland 2006 Weltmeister geworden. Davon bin ich überzeugt.

Darüber können Signor Bruno und ich uns auch nach Jahren noch in die Haare kriegen. Ich sage dann immer alles, was ich bis hierhin gesagt habe, und dabei laufe ich durch die Wohnung und ringe mit den Händen. Signor Bruno sitzt in der Küche, schaut auf seine Füße und sagt: »Und wenn schon. Mir doch egal. Ich bin Weltmeister.«

Ich dann: »Warte nur ab. Ihr Italiener kriegt das noch ganz dicke. Euer Fußball ist nämlich seit der Sache mit dem Lutscher verflucht. Warte nur. Der Fluch des Lutscher wird über euch kommen.«

Und dann werfe ich mich auf den Boden, tue so als wäre ich gefoult worden und fordere einen Elfmeter. Der Italiener nimmt mir das natürlich ab, er ist ja Italiener, die kennen das nicht anders, da fallen alle im Strafraum, und den Elfmeter kriegen sie auch meistens. Elfmeter für mich heißt bei uns: Er muss kochen.

Nach einem großen Frings-Zwist gibt es in der Regel ein Huhn zu Ehren eines italienischen Fußballers, auf den wir uns einigen können, den wir beide gleichermaßen bewundern und respektieren und dessen Name irgendwie zum Thema passt: Dino Zoff. Großer Torhüter. Wenn der gefallen ist, dann nur auf der Linie.

Pollo Dino Zoff (für Torsten Frings)

Sechs bis acht *Kartoffeln* waschen und der Länge nach vierteln. Zwei *Tomaten* und zwei *Karotten* waschen und ungefähr auf die Größe der geviertelten Kartoffeln bringen. Alles in einen Bräter, in eine Auflaufform oder auf ein tiefes Blech legen und mit ein bisschen *Olivenöl* beträufeln. Zwei *Biohähnchenschenkel* und zwei *Flügel* waschen und trocknen und zwischen die Kartoffeln und das Gemüse schieben, aber so, dass die Haut noch rausschaut und knusprig werden kann. Eine *rote Zwiebel* in Spalten schneiden, zwei *Knoblauchzehen* abziehen und andrücken und zusammen mit ein paar *Rosmarinzweigen* über dem Gemüse verteilen. Grobes *Meersalz* und *Pfeffer* darübermahlen. Das Ganze in den auf 200 bis 220 °C vorgeheizten Backofen schieben und eine gute Stunde braten lassen. Wenn die Hähnchenhaut goldbraun und knusprig ist: fertig. Vorsicht, heiß wie Dino Zoff.

MILLIONÄRE IN GEDANKEN

ch glaube fest daran, dass ich eines Tages Glück haben
werde. Nicht, dass ich nicht schon gesegnet wäre. Ein
Mann, ein Kind, ein Dach überm Kopf und immer was
zu essen im Haus, was will ich mehr, außer vielleicht
mehr Kindern? Nun. Ich spiele seit ein paar Jahren Lotto. Ich habe noch nie etwas gewonnen. Aber ich glaube
fest daran, dass es passieren wird. Ich hab auch gar keine
andere Wahl. Ich muss weiterspielen, jeden Samstag. Ich
spiele nämlich immer die gleichen Zahlen, und sollte ich
einmal nicht spielen und meine Zahlen werden gezogen,
muss ich mich leider erschießen.

Ich spiele die Zahl 5, weil das die Quersumme aus mei-
nem Geburtsdatum ist. Ich spiele die 14, weil meine beste Freundin an einem 14. Geburtstag hat und weil es die
Trikotnummer meines Lieblingsspielers beim FC Sankt
Pauli ist. Ich spiele die 23, weil das schon immer meine
Glückszahl war, und inzwischen auch, weil der kleine
Bruno an einem 23. zur Welt kam, doppelte Glückszahl
also. Ich weiß, die 23 wird es eines Tages entscheiden, als
Zusatzzahl oder so. Ich spiele die 24, weil Signor Bruno
an einem 24. Geburtstag hat. Und ich spiele die 38 und
die 41, weil das die Jahre sind, in denen meine Eltern
geboren wurden, und weil man auch immer ein paar
hohe Zahlen braucht beim Lotto.

Ich mag meine Zahlen. Auf eine Art symbolisieren sie meine ganze kleine Welt. Meine Familie, meine Freunde, den Ort, den ich mir zum Leben ausgesucht habe. Diese Zahlen müssen mir einfach irgendwann den ganz großen Gewinn bringen, den Goldregen.

Signor Bruno hat mich angefixt mit diesem Lottoding. Bevor ich ihn kennenlernte, behauptete ich immer, Lotto sei was für Dummköpfe. Und bestimmt ist es das auch, denn wer außer dummen Leuten klebt seine Sehnsucht nach Wohlstand an ein paar zusammengewürfelte Zahlen? Aber ich mochte das Ritual. Ich war neidisch auf Signor Bruno, wenn er am Samstagmorgen beim Zeitungholen mit feierlichem Gesicht Lotto spielte.

»Wart nur ab, Monelli«, sagte er dann jedes Mal, »wart du nur ab. Wenn ich erst mal eine eigene Yacht hab. Dann kuckst du doof und willst mitfahren.«

Ich beneidete ihn um seine Tagträume. Und fing an, zu spielen.

Meistens träumen wir vom reichen Leben, wenn wir in unserem alten Mercedes-Benz sitzen und über die Autobahn fahren.

»Ach«, fängt Signor Bruno an, »wenn wir ein Haus in Italien hätten, ein Haus am Meer, dann würde ich da jetzt mit dir hinfahren.«

»Muss ja nichts Großes sein«, sage ich.

»Nein, viel Platz brauchen wir nicht. Ein Zimmer für uns, eins für den kleinen Bruno, ein Bad und eine Küche.«

»Eine Terrasse«, sage ich.

»Natürlich, eine Terrasse muss sein. Und ein Garten, hinterm Haus. Vorne ist ja der Strand.«

»Und wo?«, frage ich. »Wo soll das Haus stehen?«

»In Puglia natürlich«, sagt Signor Bruno, entrüstet. »Wo denn sonst?«

Schweigen.

»Was denn?«, fragt er.

»Ich dachte eher an die Gegend um Neapel«, sage ich und bin ein bisschen enttäuscht. Der Benz rollt brummend Richtung Ostsee, wahrscheinlich fahren wir gerade zu den Großeltern.

»Wir könnten ja auch zwei Häuser in Italien haben«, sagt Signor Bruno. »Eins in Puglia und eins in Napoli.«

»Und eins in Hamburg?«

»Klar, ein Haus steht dann auch in Hamburg«, sagt Signor Bruno. »Am Elbstrand.«

»Ich würde gerne in einem der kleinen alten Kapitänshäuser wohnen«, sage ich.

»Logo, Kapitänshaus muss sein, Monelli.«

»Mit Rosen im Garten?«

»Mit Rosen. Selbstverständlich kriegst du Rosen, mein Herz.«

»Hätten wir denn auch ein kleines Boot?«, frage ich. »Mit dem wir Ausflüge in den Hafen und in die Speicherstadt machen können?«

»Ich glaube, das wäre kein Problem«, sagt Signor Bruno. »Wir müssten nur den Bootsführerschein machen.«

»Sascha hat den gemacht«, sage ich. »War nicht so schwer. Und wohl auch gar nicht so teuer.«

»Das ist gut«, sagt Signor Bruno. »Wir wollen es ja nicht übertreiben. Man soll immer maßhalten, Monelli.«

»Natürlich. Nicht den Boden unter den Füßen verlieren, das ist ganz wichtig. Gerade, wenn man so reich ist wie wir.«

Der Benz rollt und rollt und rollt.

»Ich finde, wir sollten das Kapitänshaus in einem sehr hellen Weiß streichen«, sage ich. »Es sollte das schönste Haus am ganzen Ufer sein. Und die Rosen in meinem Garten wären so bunt und sie würden so wunderbar duften wie keine Rosen sonst, denn es wären sehr alte, englische Sorten, die man nur von ganz speziellen Spezialhändlern bekommt. Und Erdbeeren hätten wir auch, und einen edlen Apfelbaum, der sehr, sehr saftige Äpfel abwirft. Ich will einen Strandkorb, einen alten, weißen, vom Lido in Venedig, in Grün und Weiß gestreift. Ich will eine Hollywoodschaukel für dich und eine Schiffsschaukel für den kleinen Bruno und die anderen Kinder, die wir noch bekommen, können wir uns ja dann locker leisten. Ich will Bettwäsche aus weißem irischem Leinen, und ich will ein sehr hohes Bett, mit vielen Kissen, so wie im Hotel, weißt du? Dann fühlt es sich an, als wären wir immer in den Ferien. Und ich möchte, dass ab und zu eine Frau kommt, die mir die Haare macht. Wenn ich Bock hab auch Locken.«

Signor Bruno kuckt mich von der Seite an.

»Solltest du nicht auf die Fahrbahn achten?«, frage ich. Er kuckt wieder nach vorne.

»Ich kauf mir einen Alfa. Einen 156er in dunklem Blau, so wie die italienischen Kripobeamten ihn immer fahren. Ich würde auch versuchen, einen mit Blaulicht zu bekommen, das müsste ja möglich sein. Und ich will einen alten Alfa Giulia, vielleicht in Weiß, vielleicht aber auch in Aubergine, weißt du, welche Farbe ich meine? Mit hellen Ledersitzen. Die Garage müsste im Winter geheizt sein, das wäre mir wichtig.«

Er überprüft kurz den Rückspiegel.

»Hm«, sagt er. »Ich könnte mir natürlich auch einen Fußballverein kaufen.«

»Könntest du«, sage ich, »aber du musst auch noch Zeit für deine Familie haben.«

Wir fahren an der Ausfahrt *Timmendorfer Strand* vorbei, es fängt an zu nieseln.

»Und was essen wir so?«, frage ich.

»Rinderfilet in Barolo«, sagt Signor Bruno, »im Liegen. Danach lutschen wir hochprozentige Schokolade und süße kernlose Weintrauben, dazu trinken wir ganz dicken, schweren Kaffee. Und in der Ecke sitzt auf einem weichen Kissen ein freundlicher Mann, der uns mit leiser Stimme Geschichten aus dem Orient vorliest.«

»Wurde der Kaffee in einem komplizierten Spezialverfahren karamellisiert?«, frage ich.

»Ja.«

»Okay.«

 ### Filetto di Manzo in Barolo (per Flavio Briatore)

400 g *Rinderfilet* in eine tiefe Schüssel legen, mit einer Flasche *Barolo* angießen, zwei *Knoblauchzehen,* eine halbierte *rote Zwiebel,* eine *Muskatblüte* oder eine halbe geriebene *Muskatnuss* und einen Schuss *Olivenöl* dazugeben, mit Frischhaltefolie abdecken und alles über Nacht ziehen lassen.

Das Rindfleisch am nächsten Tag aus der Marinade nehmen, trockentupfen, großzügig *salzen* und *peffern* und in einem großen Topf von allen Seiten scharf anbraten (zum Braten kann man dann auch mal *Butter* nehmen). Sobald das Fleisch schön gebräunt ist, die Marinade (samt Zwiebel und Knoblauch) dazugeben, Deckel drauf und mehrere Stunden schmoren lassen, bis das Fleisch sehr zart ist.

Dann den Braten aus dem Topf nehmen und in Alufolie warmhalten, währenddessen einmal kurz den Pürierstab in die Sauce halten und das Ganze mit einer Rippe *dunkler Schokolade* binden. Das Fleisch in Scheiben schneiden, mit der Sauce übergießen, sauteures *Weißbrot* aus dem Delikatessenladen dazu reichen und den Dienstboten dann für den Rest des Tages freigeben.

ITALIEN LIEGT AN DER OSTSEE

Als Signor Bruno zum ersten Mal morgens in meiner Küche stand, hatten meine Ohren ein Problem mit meinen Augen. Sie stritten sich heftig. Es ging darum, wen wir denn bitteschön hier vor uns haben – einen Italiener oder Piet aus Büttenwarder?

Die Augen sagten: Italiener, eindeutig, schaut euch das doch mal an. Boxershorts, Rippenunterhemd. Schwarze, struppige Haare, stehen in alle Richtungen ab. Finsterer Dreitagebart, kräftige Brustbehaarung. Fehlt nur noch die Goldkette. Und wie er da mit dem Espressokännchen hantiert, also ehrlich. Also bitte.

Die Ohren sagten: Aber, verdammt noch mal, hört ihr das denn nicht? Das ist so krass, das ist doch schon kein norddeutscher Akzent mehr. Das ist Plattdütsch!

»Na, mien Deern?«, fragte Signor Bruno. »Soll Vaddi uns mal'n Tässchen Käffchen machen?«

Dabei kratzte er sich in unnachahmlicher norddeutscher Lässigkeit unter dem Träger seines Rippenshirts, aber lächelte, wie wirklich *nur* Italiener lächeln können. Mit diesem in den Mundwinkeln eingebauten: Bellissima.

Ich brauchte eine ganze Weile, um meine Augen mit meinen Ohren zu versöhnen. Inzwischen habe ich mich daran gewöhnt, dass in Signor Bruno einfach zwei Männer stecken. Der eine Mann kommt aus dem tiefen Süden, und der andere kommt von der Ostseeküste. Mir gefallen beide Männer. Der Italiener bringt mein Schnulzenherz zum Klingen. Der Mann von der Küste bringt Stabilität in mein Leben, er ist der Findling in meiner Brandung. Und er ist lustig. Weil er andauernd solche Sachen macht, die ich nur aus Filmen über das rauhe Leben an der See kenne. Sobald der Wind weht, trägt er dicke Pullis, Wollmützen und die Augen leicht zugekniffen Richtung Himmel. Wenn er irgendwo reinkommt, sagt er »Moin«, »Moinser!«, »Moinsen …«. Er isst manchmal Makrelensalat, so was tut nun wirklich niemand, der südlich des Nord-Ostsee-Kanals aufgewachsen ist. Und er trinkt Bier so schnell wie kein anderer. Flasche auf, an den Hals, gluck, gluck, gluck, Mund abwischen, fertig, und dann: »Bier is' alle.« Als ich das zum ersten Mal gesehen habe, dachte ich, wie bei vielen Dingen, die er so macht, das ist ein Witz, irgend so ein Spruch aus einem alten Flensburger-Spot von damals, als die Spots noch gut waren. Aber das war kein Witz. Das war völlig normal. So trinkt Signor Bruno eben Bier. Und als ich nach und nach seine Freunde aus Flensburg und Kiel kennenlernte, begriff ich: Die machen das alle so. Vielleicht weil man an der Küste die Zeit zwischen zwei Wellen nutzen muss? Schnell das Bier trinken, bevor die wilde Natur einem die Flasche aus dem Gesicht schlägt?

Ich habe Signor Bruno schon häufig am Mittelmeer erlebt. Er liebt es, am Wasser zu sein, auf den Horizont zu schauen. Aber wenn er in Flensburg am Ostseebadstrand steht, dem Strand seiner Jugend, dann dreht er richtig auf. Dann reißt er sich noch Anfang Oktober die Klamotten vom Leib und geht tatsächlich baden. Und danach, wenn er sich in der kalten Luft trocknen lässt, verstehe ich kaum, was er sagt, weil der Wind so laut pfeift. Ich glaube, er hat mal gesagt: »Das muss so.«

Wenn wir im Sommer beratschlagen, an welchen Strand wir am Wochenende fahren wollen, an den nahen, gleich bei Lübeck, oder an den wilden, oben bei Flensburg, dann sage ich:

»Da oben ist es immer fünf Grad kälter. Da hab ich keinen Bock drauf.«

Und er sagt: »So ein Quatsch. Achtzehn Grad. Ist doch nicht kalt.«

Dann erzählt er von seinem Freund Norbert, der mal mitten in der Nacht durch den Nord-Ostsee-Kanal geschwommen ist.

»Das ist kalt. Also stell dich nicht so an.«

»Ich bin aber auch kein Wikinger«, sage ich.

»Na und? Bin ich vielleicht ein Wikinger?«

Dann sehe ich ihn an und denke: manchmal.

Wahrscheinlich ist es so: Du kannst den Italiener aus der Ostsee nehmen, aber du kannst die Ostsee nicht aus dem Italiener nehmen.

Signor Bruno ist und bleibt ein Fischkopp. Er spricht sogar ein bisschen Dänisch.

# Zuppa di Pesce di Pozzuoli
(für alle Küstenstädte dieser Welt)

500 g *Miesmuscheln* und *Venusmuscheln* abbürsten, waschen und in einer Pfanne mit ein paar Esslöffeln *Olivenöl* erhitzen, bis sie sich öffnen. Warm stellen.

In einem großen Topf 3 bis 4 Liter Wasser erhitzen, zusammen mit 300 g reifen *Tomaten* (oder Dosentomaten), einem guten Schuss *Olivenöl,* zwei ganzen *Knoblauchzehen,* einer frischen *Chilischote,* einem Bund gehackter *Petersilie* und einer kräftigen Prise *Meersalz.* Ein paar Minuten köcheln lassen. 1 kg gemischte *Fische* und *Meeresfrüchte* (z. B. Rotbarben, Knurrhahn, Drachenkopf, Schwertfisch, Tintenfische, Garnelen, alles natürlich gewaschen und filetiert) in die Suppe geben und alles einige Minuten bei mäßiger Hitze garziehen lassen.

Dann große Suppentassen mit gerösteten *Brotscheiben* auslegen, die Fischstücke darauf anrichten und die heiße Fischsuppe darübergießen. Mit den Muscheln und fein gehackter *Petersilie* garnieren und unbedingt heiß servieren.

LUKANIEN

Matera ist ein Ort wie aus dem Märchen. Unwirklich, zauberhaft schön und ein bisschen bedrohlich. Wer einmal in Matera war, wird diese Stadt niemals vergessen. Matera setzt sich in einer verwinkelten Ecke des Gehirns fest und schickt in unregelmäßigen Abständen Bilder ab, die immer den gleichen Gedanken produzieren: Da will ich noch mal hin.

Als Signor Bruno und ich nach Matera fuhren, hatte ich keine Ahnung, was mich erwartet. Aber der Mann an meiner Seite war aufgeregt, das konnte ich spüren. Signor Bruno tut sich schwer mit der exakten Beschreibung von Ereignissen oder Orten, ich glaube, er hat eine andere Art, die Dinge wahrzunehmen. Er nimmt nur das wahr, was für ihn wichtig ist. Er kann ziemlich gut tunneln. Er ist als junger Mann mal mit seinen Eltern in Matera gewesen, und wenn ich ihn fragte, warum ich denn nun unbedingt nach Matera soll, sagte er immer nur: »Das ist ein wichtiger Ort. Matera ist sehr alt. Viele Steine. Matera ist schön. Sehr schön.«

Italien halt, dachte ich. Wichtig, alt, schön. Normal. Reiseführeritalien. Aber das ist es nicht. Matera ist viel mehr. Es ist die Verkörperung eines Landstrichs, den es so nicht mehr gibt – Lukanien.

Wir kamen vom kalabrischen Meer und fuhren an dem

kurzen Küstenstreifen, den Lukanien zu bieten hat, entlang, als uns Jesus Christus erschien. Er war in tiefhängende Wolken gehüllt, ein Gott aus Stein, oben auf dem Berg. Er hatte die Arme ausgebreitet und schaute aufs Meer.

»Na so was«, sagte Signor Bruno. »Hat er's also doch geschafft.«

»Was?«, fragte ich.

»Hier, Christus«, sagte er. »Der ist doch angeblich nur bis Eboli gekommen.«

»Was?«

»Ich geb dir zu Hause mal ein Buch«, sagte er.

Wir ließen die Küste hinter uns und jagten unseren kleinen, gemieteten Fiat ins lukanische Gebirge. Als wir in Matera ankamen, hatten die Wolken sich verzogen, und übrig blieb eine uralte Stadt aus Stein in der Sonne. Endlose, ausgetretene Treppen und Gassen, in den Fugen blühten Kakteen und anderes unverwüstliches Zeug. Die Kirchen waren eher Kapellen, klein und halb verfallen, aber mit Blumen geschmückt. Und dann die winzigen Häuser. Ein- bis Zwei-Zimmer-Höhlen, in den Stein gehauen. Vor manchen saßen, zusammengefaltet und auf die Gasse starrend, alte Leute.

So ist die ganze Altstadt: einfach in den Berg gegraben, hier und da ein paar Menschen. Hier und da auch ein paar junge Menschen, die versuchen, die alten Höhlenhäuser wieder bewohnbar zu machen. Und oben, auf einer der vielen Felsenpiazzas, den warmen Stein unter den Füßen, sah ich runter in die Gravina-Schlucht und kam mir vor, als wäre ich in einer sehr alten Geschichte gelandet. Vielleicht sogar in der Bibel. Das Nachmittagslicht in Matera war rötlich und still. Irgendwie unbewegt. Und die Luft roch wie ein geöffneter Backofen, in dem gerade ein schweres, hartes Brot gebacken worden war. Ich wusste nicht warum, aber die Stimmung, alles in Matera war so anders als in jeder anderen italienischen Stadt, die ich bisher gesehen hatte. Ruhig. Schwer. Der Geschichte ausgeliefert. Matera kam mir vor wie ein bisschen zu düster geratene Poesie.

Als wir wieder zu Hause in Hamburg waren, gab mir Signor Bruno ein Buch zu lesen. *Christus kam nur bis Eboli* von Carlo Levi. Carlo Levi war ein Arzt aus Turin, ein Künstler, ein Freigeist und Menschenfreund. Die Faschisten hatten ihn in den 30er Jahren nach Lukanien verbannt, so wie sie es mit vielen gemacht hatten, die unbequem wurden. In *Christus kam nur bis Eboli* erzählt Carlo Levi von seiner Zeit in Matera, in den Dörfern und kleinen Städten in der Umgebung. Er erzählt von Briganten und von der Malaria. Er erzählt von Armut und Hoffnungslosigkeit. Von Hunger, aber auch von erstaunlichem Pragmatismus. Wie man zum Beispiel aus den Resten eines Lamms etwas zu Essen macht, das auch noch schmeckt. Er erzählt von einer Welt, die zauberhaft schön und zugleich unglaublich lebensfeindlich ist. Er gewährt in seinem Buch einen sensationell eindringlichen Blick in die süditalienische Seele.

Nachdem ich Carlo Levis Buch gelesen hatte, fügte sich alles. Ich begriff, warum die Leute ganz im Süden Italiens immer das Gefühl haben, Jesus sei auf halber Strecke hängengeblieben, hätte es einfach nicht bis zu ihnen runter geschafft. Ich verstand, warum die Norditaliener behaupten, der Süden sei unzivilisiert. Und mir wurde klar, woher diese unglaubliche Atmosphäre in Matera kommt, dieses bedeutsame Licht, diese aufgeladene Luft. Das kommt von all den verbannten Seelen. Die klugen Menschen, die Freigeister, die dem Faschismus hätten gefährlich werden können, sind in Lukanien versauert. Und haben – vor lauter Verzweiflung – ihre Ideen und Ideale in die Gravina-Schlucht geworfen. Von dort steigen sie jetzt auf und hüllen Matera ein. Wie ein Nebel aus Gedanken.

Gniummerieddi (per Carlo Levi)

400 g *Innereien vom Lamm* in nussgroße Stücke zerteilen und jeweils sechs Stückchen auf kleine Holzspieße stecken. Nach jedem zweiten Fleischstück ein *Salbeiblatt* aufspießen. Die Spieße doppelt und dreifach mit Lammnetz überziehen, dann mit *Olivenöl* einpinseln, *salzen* und *pfeffern*. Perfekt wäre jetzt, die Spießchen über Olivenholz zu grillen. Man kann sie aber auch in der Pfanne braten. Wenn die Gniummerieddi rundum knusprig braun sind, auf eine vorgewärmte Platte geben und mit ein bisschen *Zitronensaft* beträufeln. Mit geröstetem *Brot* servieren.

SPAGHETTILÄND

Ich frage mich oft, was genau Heimat ist. Das kommt vermutlich daher, dass ich keine eindeutige Heimat habe. Und immer, wenn die Leute mich fragen, wo ich herkomme, weiß ich nicht so richtig, was ich sagen soll. Ich wurde in Hanau geboren, und die ersten Jahre meines Lebens verbrachte ich auch dort, in einem Hochhaus. Dann mieteten meine Eltern eine Erdgeschosswohnung in einem Mehrfamilienhaus in einem Vorort. Ich erinnere mich kaum daran, ich weiß nur, dass der alte Vermieter keine Kinder mochte, und dass ich weder im Haus noch auf der Straße vorm Haus spielen durfte, weil ihn der Lärm störte. Meine Eltern waren nicht sehr glücklich in dieser Wohnung. Sie sparten und sparten und sparten, und eines Tages hatten sie genug zusammen, um ein Haus zu bauen. Wir zogen in den Spessart. Das war schön, wir wohnten am Waldrand, ich war mir sicher, da wohnten auch Hexen und Elfen und jede Menge Wildschweine, und auf den Feldern vorm Wald konnte man Verstecken spielen und so lange mit dem Fahrrad rumgurken, bis es komplett demoliert war.

Ich hatte eine tolle Kindheit im Spessart. Aber eine richtige Heimat war das irgendwie nie für mich. Ich fühlte mich immer fremd, wie das eben so ist, bei Zugezogenen. Weil auch alle immer sagten: Die sind zugezogen. Eines Tages habe ich mir dann die alte Heimat meiner Mutter als Zuhause ausgesucht. Hamburg. Das ist toll, ich liebe es, in einer Hafenstadt zu Hause zu sein, aber meine Heimat kann auch das nicht wirklich sein, ich bin ja im Spessart aufgewachsen. Oder komme ich doch aus Hanau?

Es ist ein bisschen schwierig. Aber es ist natürlich kein Drama.

Signor Bruno hat es da schwerer. Denn auch, wenn die Frage nach der Heimat für ihn relativ einfach zu beantworten ist, schön ist die Antwort nicht: Heimat ist für Signor Bruno immer da, wo er gerade nicht ist. Ist er in Norddeutschland, fehlt im Italien, ist er in Italien, fehlt ihm der Norden. Und weil wir meistens zu Hause in Hamburg sind, fehlt Italien mehr. Man merkt das an bestimmten Kleinigkeiten. Wenn wir zum Beispiel verreisen und er seinen italienischen Pass in den Händen hält, den er niemals gegen einen deutschen eintauschen würde, kriegt er zittrige Augen. Wenn er zufällig auf der Straße jemanden Italienisch sprechen hört, freut er sich, als hätte er gerade überraschend ein Geschenk bekommen. Wenn wir über eine Fußgängerampel gehen und da ein Alfa Romeo hält, müssen wir auf der anderen Straßenseite warten, bis er wieder anrollt, damit wir den Motor hören können. Das würde ihm bei einem Porsche niemals einfallen. Und wenn Deutschland gegen Italien spielt, ist klar, für wen er sich in die Hosen macht – für die Azzurri. So ist das eben: Wenn etwas auf ganz spezielle Art sein Herz berührt, dann ist das Italien.

»Spaghettiland«, nennt er es immer, sein Heimatland, wobei er »land« englisch ausspricht, damit es ein bisschen internationaler klingt. »Spaghettiländ.«

Spaghettiländ, das ist die weiche, warme Luft, die einen empfängt, wenn man in Neapel aus dem Flugzeug steigt. Das ist der Himmel, so blau, die Sterne, so hell, und das Mittelmeer, türkis. Und für mich ist es merkwürdigerweise auch immer dieser eine Abend auf einer Dachterrasse in Cisternino. Wenn Signor Bruno »Spaghettiländ« sagt, muss ich reflexartig daran denken.

Cisternino ist der Ort, in dem Signor Brunos Opa gelebt hat und begraben liegt. Nonno Domenico. Nonno saß gerne auf seiner Terrasse in Cisternino und schmökte seine olle Pfeife und beobachtete das Tal und den Himmel.

In jenem Sommer wohnten wir in einer kleinen Bude ganz in der Nähe von Nonno Domenicos Haus. Wir hatten da auch eine Terrasse, und die Terrasse ging nach Osten raus, wir hatten also den gleichen Blick, den Nonno immer gehabt haben muss. Ins Tal und in den Himmel. Dort saßen wir jeden Abend, wenn die Hitze sich verkrümelt hatte, und aßen einen großen Teller Pasta. Manchmal, wenn wir einen Ausflug gemacht hatten, brachten wir auch was zu Essen mit. An diesem speziellen Abend hatten wir uns von Cisterninos Marktplatz einen Berg Fleisch mitgebracht.

»Boah«, hatte Signor Bruno gesagt. »Bombette.«

Die Bombette waren frisch aus dem Steinofen gekommen, finster glänzende Fleischröllchen. Den Schlachter, der sie anbot, hatte ich noch nie zuvor gesehen. War mir einfach nicht aufgefallen: Sein Laden war eher eine Tür mit einem dunklen Schacht dahinter und einem feurigen Loch in der Wand. Wir kauften zwei Portionen. Signor Bruno war ganz aufgeregt.

Auf unserer Terrasse zündeten wir eine Kerze an, das genügte an Licht. Wir hatten noch eine Straßenlaterne, eine buntbeleuchtete Kirche und die Sterne. Wir aßen die Bombette mit den Fingern, direkt aus der Aluverpackung. Es war heiß und fettig, und meine Finger trieften, aber ich werde im Leben nicht vergessen, wie diese kleinen Dinger schmeckten. Dunkel und knusprig, weich und zerfließend, salzig und sogar ein bisschen süß, nach Käse und Schinken und Nüssen, mit einem Hauch roter Schärfe. Spaghettiländ.

Bombette (per due)

300 g *Kalbsschnitzel* waschen, abtrocknen, in ungefähr handtellerlange Stücke schneiden und vorsichtig klopfen, damit sie dünner und schön zart werden. Von beiden Seiten ganz leicht *salzen* (wirklich sehr vorsichtig, der Käse und der Schinken sind salzig genug) und die Seite, die das Innere der Roulade werden soll, mit jeweils einer Prise getrockneten, zerstoßenen *Peperoncini* bestreuen. Darauf eine halbe Scheibe *luftgetrockneten italienischen Schinken* und einen dünnen Stift *Provolone* legen, dann das kleine Schnitzel einrollen, so dass man eine Roulade erhält. Mit Zahnstochern feststecken. Die fertiggebastelten Bombette in einer Pfanne mit *Olivenöl* rundherum ein paar Minuten lang anbraten. Dann alles in eine feuerfeste Form geben und bei etwa 180 °C im Ofen fertiggaren, nach einer

halben Stunde sollte das Fleisch durch sein. Mit *grünem Salat* und *Brot* servieren. Wer ganz clever ist, schiebt das geschnittene Brot für die letzten zehn Minuten mit in den Backofen, dann wird das schön warm und knusprig und schmeckt nach Ferien.

Dolci

LINKS, RECHTS, GEBÄCK

Ich habe einen katastrophalen Orientierungssinn. Ich bin überall dort, wo ich nicht seit mindestens zehn Jahren die Straßen rauf- und runterlaufe, komplett aufgeschmissen. Wenn man mich loswerden will, muss man mich nur irgendwo aussetzen, mich einmal um die eigene Achse drehen und dann schnell wegrennen. Schon bin ich verloren und werde nie wieder nach Hause finden.

Die einzigen beiden Städte, in denen ich mich zurechtfinde, sind New York und Venedig. In New York, weil es zu großen Teilen in rechten Winkeln angelegt ist, das kann man quasi auswendig lernen, wenn man sich nur lange genug anstrengt. Und weil die New Yorker so freundlich sind, jedem zu helfen, der einigermaßen verzweifelt an einer Straßenecke rumlungert. In Venedig komme ich gut klar, weil sich da sowieso jeder verläuft, da kann man einfach mitlaufen, irgendwann kommt man immer irgendwo raus, und schön ist es da ja auch überall.

Eine Stadt wie Neapel, mit all ihren geschwungenen Straßen und kleinen Durchgängen, mit all den Gefahren, die dort im Dunkeln lauern, ist für mich eigentlich eine unannehmbare Herausforderung. Neapel *kann* ich nicht bewältigen. Ich habe mich nur nach Neapel getraut, weil Signor Bruno dabei war. Was ich damals noch nicht wusste: Signor Bruno hat keinen schlechten Orientierungssinn.

Signor Bruno hat gar keinen. Wir zwei, außerhalb von Hamburg, das ist Duo Infernale, Grande Desaster, Team Trottel unterwegs. Immerhin können wir uns aneinander festhalten, wir gehen also nie alleine verloren, nur zusammen, das ist ja schon mal was.

In Neapel entstand dann folgende dumme Situation: Signor Bruno musste morgens um acht dringend schon mal los, weil er Hummeln im Hintern hatte und eben dringend schon mal los musste. Draußen Kaffee trinken. Flanieren. Einen auf dicke Hose machen. Ich hingegen musste dringend noch im Hotelbett liegen bleiben und dann in Ruhe am offenen Fenster Kaffee trinken, weil mir sonst der ganze Tag versaut wäre. Wir brauchten also einen Treffpunkt.

»Hol mich in zwei Stunden im Hotel ab«, sagte ich.

»Blödsinn«, sagte Signor Bruno. »Komm du in die Stadt.«

»Kannst du komplett vergessen«, sagte ich. »Dann sehen wir uns nie wieder.«

»Doch«, sagte er, »das schaffen wir. Weißt du noch, wo wir gestern Morgen die warmen Sfogliatelle gegessen haben?«

»Ja.«

»Das war an der Piazza San Domenico«, sagte er. »Da treffen wir uns.«

»Hm«, sagte ich.

»Das findest du«, sagte er.

Gegen zehn Uhr traute ich mich aus dem Hotel. Ich bog nach links ab. Die Treppe hoch. Durch den Torbogen. Nach rechts. An der großen Palme vorbei. So weit wusste ich den Weg noch. So weit kam ich klar. Aber dann war's vorbei. Links oder rechts? Ich stand an der Spaccanapoli, der Hauptschlagader Neapels, und versuchte, möglichst nicht aufzufallen. Hier jemanden nach dem Weg zu fragen und sich damit als hilflos zu erkennen zu geben, kann gutgehen, kann aber auch schiefgehen. In Neapel weiß man nie, wer oder was einem in der nächsten Sekunde passiert. Ich lehnte mich an eine Mauer, gähnte und tat gelangweilt. Wie? Was? Ich? Alles in Ordnung, Leute! Und dann sah ich sie.

Neapolitaner, die mit einer duftenden Sfogliatella in der Hand von rechts kamen. Immer wieder. Die Piazza San Domenico *musste* rechts sein. Ich wagte mich weiter die Spaccanapoli entlang, und: gefunden. In der Mitte stand die Pestsäule. Am unteren Ende der Piazza gab es bei Scaturchio warme Sfogliatelle. Ich kaufte zwei Stück und lief zur Pestsäule. Oben an der Kirche sah ich Signor Bruno, in seiner braunen Lederjacke und mit Sonnenbrille auf. Er lungerte auf der Piazza rum, so wie all die Typen hier. Ich rief seinen Namen, in der offiziellen Kurzform, die es ja für jeden einzelnen italienischen Namen zu geben scheint. Er drehte sich um und kam auf mich zu. Ich rannte ihm entgegen, um den anderen drei Männern, die sich auf mein Rufen hin umgedreht hatten, klarzumachen, dass sie nicht gemeint waren.

»Die heißen hier ja alle wie du«, sagte ich etwas atemlos und drückte Signor Bruno eine Sfogliatella in die Hand.

»Die tun nur so«, sagte er. »Weil ich so ein geiler Typ bin.«

Wir setzten uns auf einen Blumenkübel, bissen in die weichen, süßen Teigtaschen und blinzelten in die Herbstsonne.

»Und?«, fragte er. »War's schwer?«

»Kinderspiel«, sagte ich. »Und bei dir?«

»Ich wollte ans Wasser«, sagte er, »aber dann bin ich in der Fegefeuerkirche gelandet.«

Sfogliatelle (per Mimmo)

150 g *Butter,* 120 g *Zucker* und 300 g *Mehl* zu einem Teig verkneten und kaltstellen.

500 ml *Wasser* mit einer Prise *Salz* zum Kochen bringen, 200 g *Grieß* einrühren und bei schwacher Hitze 5 Minuten garen lassen, dabei immer gut umrühren, damit nichts anbrennt. In eine Schüssel füllen und abkühlen lassen. 200 g *Ricotta* mit 175 g *Puderzucker* süßen und unter den abgekühlten Grieß mischen. Dann 100 g sehr fein gehacktes *Orangeat,* das Mark einer *Vanilleschote* und ein *Ei* unterrühren.

Den Teig aus dem Kühlschrank nehmen, ungefähr 1 cm dick ausrollen und mit einer Tasse Kreise ausstechen. Die Ricottacreme auf der einen Hälfte der Teigkreise verteilen und mit der anderen Hälfte abdecken. An den Rändern gut andrücken.

Die Sfogliatelle auf Backpapier legen, mit *Eigelb* bepinseln und im vorgeheizten Ofen auf 180 °C 15 bis 20 Minuten goldbraun backen. Obacht geben, dass sie nicht zu dunkel werden! Vor dem Servieren leicht abkühlen lassen und mit *Puderzucker* bestreuen.

MORGENS HALB ACHT iN HAMBURG

Es gibt ja nur noch ganz wenige Menschen, die denken, Kaffee sei gleich Kaffee. Allein in unserer Straße kann man fünf verschiedene Kaffees trinken.

Den drittbesten gibt's im Eisladen. Einen stark gebrannten, dunklen Milchkaffee. Ein bisschen bitter, so wie die Portugiesen ihn gerne trinken. So braucht man ihn nach einer schweren Nacht. Eine herzhafte Faust im Gesicht. Bamm. Den zweitbesten machen die Mädchen im Kandie Shop. Weich und cremig und perfekt zum Kuchen und immer mit einem Lächeln aus der Maschine gelassen. Und weil die Maschine den ganzen Tag läuft und niemals stoppt, schmeckt der Kaffee sogar ein ganz klein wenig wie in Italien. Vielleicht ist der Kaffee vom Kandie Shop sogar der zweitbeste Kaffee in ganz Hamburg Mitte. Den besten Kaffee aber gibt's morgens um halb acht bei uns zu Hause, Montag bis Sonntag. Den macht Maestro Bruno sofort nach dem Aufstehen. Mit dicken Augen, großer Hingabe und heiterer Ernsthaftigkeit. Der Duft schleicht sich durch die ganze Wohnung bis zu meinem Kopfkissen. Und wenn ich dann in die Küche gewackelt komme, stehen sie da schon zu viert: Signor Bruno (in Unterhemd und Pyjamahosen), der kleine Bruno (im Schlumpfschlafanzug) und die zwei Espressini.

Es ist nämlich so, dass es bei uns nur noch Espressino

gibt, seit Signor Bruno eingezogen ist. Früher, als ich noch alleine wohnte, gab es morgens Milchkaffee. So einen Riesenhumpen, in dem dann der arme Kaffee immer in der Milch ertrinkt. Ich wusste es einfach nicht besser. Ein Espressino hat mit einem Milchkaffee nichts zu tun. Ein Espressino ist eine ganz andere Liga. Ein Espresso für den Morgen, mit einem netten Schwung Milch eingecremt, damit er ein klein bisschen zärtlicher daherkommt. Ein Espressino hat die gleiche aufrüttelnde Wirkung wie ein Espresso, ist aber auch gut ohne die hübsche italienische *crema* zu ertragen.

Das ist nämlich das Problem mit diesen tollen Kaffees, die man in Italien an jeder Ecke kriegt: Es ist sehr schwer, auf sie zu verzichten. Und wenn man sie einmal hatte, ist jeder andere Kaffee ein Verzicht. Besonders schwer ist das für Signor Bruno und mich, seit wir an der kampanischen Küste Ferien gemacht haben, südlich von Salerno. In Santa Maria di Castellabate war das, da ist es hübsch, aber unspektakulär, wir wollten nur irgendwo in Ruhe ein paar Tage baden. Und uns an diesem einen Abend mal was gönnen, in einem Restaurant am Wasser.

Das Restaurant gehörte zu einem altmodischen Hotel, zu dem Hotel gehörten altmodische Kellner. Wir saßen im zarten Abendwind auf der Terrasse, das Meer kräuselte sich behaglich, und schon das Essen (Büffelmozzarella, Schinken, gegrillte Artischocken, danach Spaghetti mit Muscheln) war so auffällig fein, dass wir eigentlich damit hätten rechnen können, mitten im Kaffeeland Kampanien: Der Espresso, den der Kellner uns nach dem Essen servierte, war das unglaublichste Gebräu, das jemals in einer kleinen Tasse saß. Weich und dickflüssig, fast schokoladig. Wie eine kleine Praline lief es den dicken Tassenrand runter, und das offensichtlich sehr gute Wasser in diesem kleinen Kaffee, das ja für den Geschmack so wichtig ist, ihn aber in zu großer Menge auch sofort wieder kaputt machen kann, war absolut richtig dosiert. Nur ein Tropfen.

Seitdem sind wir für jeden anderen Espresso versaut.

Und das Ganze wäre wirklich ein Riesendrama, wenn Signor Bruno nicht diesen einzigartigen Espressino zubereiten könnte. Ich weiß nicht, wo da jetzt eigentlich der Trick ist, was er da genau rumzaubert, dass sein Espressino so sensationell schmeckt. Meiner ist ehrlich gesagt schon ganz gut, meine Freunde loben mich immer für meinen Kaffee. Aber wenn Signor Bruno ihn macht – andere Baustelle. Der Bruno-Kaffee schmeckt irgendwie nach Karamell. Als würde er heimlich Sirup reinkippen, der aber dann nicht nach Sirup schmeckt, sondern nach echtem, frisch geschmolzenem Karamell.

»Es liegt an meinen Händen«, sagt er, wenn ich mich beschwere, dass mein Kaffee nicht so schmeckt wie seiner. »Ich bin der Espressino-Meister.« Dann wedelt er mit den Händen, als wäre er ein Magier.

Aber es liegt nicht an seinen Händen. Es liegt an ihm. Es liegt daran, dass hier morgens gute Laune in der Wohnung ist, seit er da ist. Dass er morgens immer so grundlos sonnig ist. Und dann sind der kleine Bruno und ich das auch. So eiern wir alle drei morgens durch unsere Wohnung, räumen ein bisschen auf, blättern in der Zeitung, lassen die Sonne rein, je nach Wetterlage auch den Regen, die Wolken, den Wind, und quaken und taumeln vor uns hin. Zwei mit Espressino in der Hand und einer im Schlumpfschlafanzug.

Espressino (per due)

Ein Espressino ist die wirklich einzige Art, in der eigenen Küche einen Kaffee zu kochen, der ansatzweise nach Italien schmeckt. Was Sie dafür brauchen: keine teuren Maschinen. Der Kaffee aus diesen Monstren schmeckt nur dann gut, wenn sie den ganzen Tag heiß laufen wie in einer italienischen Bar im Süden oder auf allen Autobahnraststätten zwischen Mailand und Palermo. Sie brauchen also lediglich ein schlichtes italienisches Espressokännchen für drei Tassen Kaffee, *Espressokaffee,* frische *Milch* und einen Milchtopf.

Den unteren Teil des Kaffeekännchens bis maximal an die kleine Schraube mit Wasser füllen. Dann den Espresso ins Sieb schichten, nur ganz leicht andrücken, zum Schluss obenauf noch ein kleines lockeres Häufchen bauen. Kännchen zuschrauben, die kleinste Platte auf dem Herd vorheizen, wenn sie heiß ist, das Kännchen draufstellen und ordentlich Stoff geben.

In einem Milchtopf die Milch anwärmen (nicht zum Kochen bringen) und mit einem Schneebesen ein bisschen aufschlagen, so dass sie schön locker daherkommt. Bloß nicht aufschäumen. Kein Mensch braucht Milchschaum.

Wenn der Kaffee im Kännchen zu blubbern anfängt: die Platte ausmachen, die Kanne aber noch drauf stehen lassen, bis es sich vollständig ausgeblubbert hat. Dann den Kaffee auf zwei kleine Wassergläser verteilen und jeweils einen guten Schwups Milch dazugeben, das Ergebnis sollte nicht hell sein, eher rehbraun. Mit viel *Zucker* servieren. Beim Trinken, wenn möglich, aus dem Fenster schauen.

GEBACKENER STAUB

Und dann irgendwann kommt alle Jahre wieder der Moment, in dem auf Sankt Pauli die ersten Flocken fallen. Der Schnee kommt für alle immer total überraschend und wirkt absolut unwirklich. Als hätte es hier noch niemals geschneit. Dabei schneit es zuverlässig jeden Winter, wenn auch nur für eine halbe Stunde. Aber manchmal schneit es sogar tagelang, und der Schnee bleibt auf den nackten Ästen der Bäume wie eine satte Schicht aus weißer Watte liegen. Dann freuen sich alle, sind aber auch gehörig irritiert. Vielleicht finden die Sankt Paulianer den Schnee so merkwürdig, weil Sankt Pauli grau zu sein hat im Winter, urban und hart, eine Symphonie aus Asphalt, nur unterbrochen von den bunten Lichtern der Reeperbahn bei Nacht. Und mit einer Ladung Schnee legt sich immer wieder eine Art Weihnachtsmarkt über die Stadt, ein Hang zum Rutschen und Schlittenfahren, eine Spielwiese, auf der außer Müßiggang sowieso nichts mehr funktioniert. Das macht die Leute wuschig. Einmal, nachdem es Donnerstag, Freitag, Samstag durchgeschneit hatte, bauten die Väter am Sonntag mit ihren Kindern einen Schneemann in unserer Straße. Der Schneemann war bestimmt zwei Meter hoch und zwei Meter breit, ein richtiger Kaventsmann war das. Die Autos kamen nicht an ihm vorbei, sie versuchten es auch gar nicht erst, und so blieb die Straße einfach gesperrt, bis der weiße Riese weggetaut war.

Meistens ist der Schnee auf Sankt Pauli aber nicht so robust, sondern eher zart und zerbrechlich. Rieselt sanft und zurückhaltend zu Boden und schmilzt da sofort. Nur auf den Dächern und Mützen hinterlässt er einen dünnen Zucker. Im vorletzten Jahr kam der Schnee Anfang Dezember, wie bestellt zum ersten Advent. Wir saßen morgens am Fenster, als es losging, der große Bruno, der kleine Bruno und ich. Der Schnee fiel wie gemalt, in dicken, weichen Bällchen, es sah wunderschön aus. Der kleine Bruno hatte noch nie zuvor Schnee gesehen, er kannte bisher nur den Sommer und den Herbst. Signor Bruno und ich glaubten im ersten Moment zumindest, wir hätten noch nie Schnee gesehen, weil es ja wie immer so unwirklich war, aber dann besannen wir uns und begriffen: Es ist völlig normal. Es ist einfach Winter geworden. Sachte, still und gut. Wir lehnten uns zurück, tranken Kaffee und beobachteten, wie aus dem dunklen Morgen langsam ein weißer wurde. Der kleine Bruno saß auf meinem Schoß und sah mit großen Augen aus dem Fenster.

»Dann is' ja wohl auch bald Weihnachten«, sagte Signor Bruno.

»Herrje«, sagte ich.

»Dann gibt's auch wieder Panettone«, sagte er.

»Herrje«, sagte ich. »Gebackener Staub.«

Panettone ist der trockenste Kuchen der Welt. Und die Italiener verschenken ihn zu Weihnachten lastwagenladungenweise. Panettone ist so trocken, den kann man nicht mal in den Kaffee stippen. Er fällt sofort brockig ins Glas, und dann gibt's eine Riesensauerei, weil der Kaffee über-

schwappt und man den Panettone da nicht mehr raus-
kriegt und, und, und. Mir wurde ein bisschen froschig bei
dem Gedanken an all den trockenen Kuchen. Ich sagte:
»Zündest du mal bitte eine Kerze an?«
Signor Bruno stand auf, zündete eine Kerze an, seufzte
und setzte sich wieder hin. Schnee vor dem Fenster macht
die Menschen wahnsinnig langsam.
»Was machen wir nur mit den ganzen Panettonekuchen,
die wir bekommen werden?«, fragte ich.
»Hör auf«, sagte Signor Bruno. »Mach mir keine Angst.
Ist doch gerade alles so schön.«
Wir sahen uns an und wussten nicht weiter. Da stand der
kleine Bruno doch tatsächlich auf, mit seinen vier Mona-
ten, ging in die Küche, machte sich einen Kaffee, kam
zurück, stellte sich ans Fenster, kuckte wichtig und sagte:
»Jetzt reißt euch mal zusammen. Ist doch kein Problem.
Wir sammeln den Panettone. Und in fünf Jahren bauen
wir uns ein Haus daraus. Okay?«
»Okay.«
Es ist schon verrückt, was so ein bisschen Schnee aus
einem Tag auf Sankt Pauli machen kann.

Panettone-Tiramisu (per Natale)

Einen schönen, trockenen *Panettone* in
ungefähr 1 cm dicke Scheiben schneiden und dicht
an dicht in eine nicht zu große Auflaufform legen.
500 ml starken, frisch gekochten *Espresso* mit drei
Esslöffeln **braunem Zucker** süßen und den Panetto-

ne damit übergießen. 500 g *Mascarpone* mit zwei Esslöffeln braunem Zucker, einer Prise *Zimt* und 100 ml *Amaretto* in einer Schüssel mit dem Schneebesen geschmeidig rühren. Die Mascarponecreme auf den Espresso-Panettone streichen, das Ganze wiederholen und quasi eine zweite Schicht bauen, dann alles mit *Kakaopulver* bestreuen und bis zum Servieren in den Kühlschrank stellen. Kurz vor dem Servieren noch mal ein bisschen Kakaopulver drüberstreuen, für die Optik.

DAS EWIGE SIZILIEN

Ich glaube, ich war schon fast überall in Italien. Ich war in Venedig und im Veneto, ich war in Genua und an der Riviera, ich war in Mailand und in der Emilia-Romagna, ich war in der Toskana und in Portofino und auf Elba. Ich war in Umbrien und in Rimini. Ich war in Rom (mochte ich nicht) und in Neapel (große Liebe). Ich war an der Amalfitana und auf Procida, auf Capri und auf Ischia, überhaupt bin ich, wer weiß wie oft, durch Kampanien gefahren. Ich war in Kalabrien und natürlich in Apulien, weil da kommt ja Signor Bruno her und zur Hälfte dann wohl auch der kleine Bruno, obwohl der davon noch gar nichts weiß. Ich war wirklich schon fast in ganz Italien. Aber ich war noch nie in Sizilien.

Ich liege Signor Bruno schon seit Ewigkeiten damit in den Ohren, dass ich *dringend* nach Sizilien muss. Aber irgendwie kriegen wir das nicht hin, denn immer wenn wir in Italien sind und dann auch noch südlich von Neapel, müssen wir eben nach Apulien, sonst sind alle beleidigt. Es ist zum Verrücktwerden. Ich komme einfach nicht nach Sizilien. Und in meinem Wahn ist Sizilien inzwischen zu einer Art Paradies geworden. Zu einer Insel voller Schönheit und Sonne und ausladend verzierter schmiedeeiserner Balkone. In meiner Vorstellung gibt es in Sizilien nur verträumte alte Landgüter (von ehrli-

chen, hoffnungsvollen jungen Menschen geführt, nachdem sie der Mafia unter den Fingern wegkonfisziert wurden), romantische Zitronenplantagen und hinreißende
alte Städtchen mit kleinen Gassen, die auch lange nach
Mitternacht noch Wärme verströmen. Und die Sizilianer
sind laut, aber ausgesprochen schön und durch die Bank
liebenswert, und sie haben diese wunderbare Fähig-
keit, sich hemmungslos dem Leben hinzugeben, und die
Mafiosi, ach, was soll's, die sind doch auch nicht so
schlimm ...

Entschuldigung. Ich fabuliere mir da was zusammen.
Aber meine Sehnsucht nach Sizilien ist inzwischen wirklich monströs. Ich kann gar nicht mehr das Wort »Feri-
en« denken, ohne auch gleichzeitig »Sizilien« zu denken.
Signor Bruno erzählt mir auch immer eifrig, was es auf
Sizilien alles zu sehen gibt, an Monumenten, an großer
Kunst, an Menschheitsgeschichte. Diesen Tempel und
jene ausgegrabene alte Stadt, hier ein paar sensationelle
Säulen und dort ein altes Theater. Er steht da tierisch
drauf. Ich werde nie vergessen, wie wir stundenlang und
natürlich in brütender Hitze durch die Ruinen der Tem-
pelanlagen von Paestum gelatscht sind. Entsetzlich.

»Ach«, sage ich dann, »das olle Gebröck. Das interes-
siert mich nicht. Ich will eine Granita.«

Eine Granita ist die sizilianische Nationalsüßspeise. Viel
zu süßes Wassereis, meistens mit einem unangenehm
künstlichen Industriezitrusgeschmack, in Süditalien an
jeder Ecke zu kaufen.

Ich stelle mir natürlich vor, dass eine echte sizilianische
Granita völlig anders schmeckt, weil sie mit frischem Zitronensaft und viel Liebe gemacht sein muss. Und ich

stelle mir gerne vor, wie das wird, wenn ich zum ersten Mal eine in der Hand halten werde, im nächsten Jahr im Mai vielleicht. (Signor Bruno sagt jedes Jahr: Im nächsten Jahr im Mai fahren wir nach Sizilien.) Ich werde im Schatten eines alten Baumes sitzen, kurz nachdem Signor Bruno seinen Mittagsschlaf beendet hat. Ich kann ihn also beobachten, wie er auf die Terrasse des etwas baufälligen alten Häuschens tapst, das wir für ein paar Wochen gemietet haben. Ich weiß, er will gleich Kaffee trinken. Dann fragt er mich natürlich, ob ich auch einen Kaffee möchte.

Und ich sage: »Nein, danke, ich hab eine Granita.«

Ich werde die Granita in der linken Hand halten, denn meine rechte Hand wird auf dem Rücken des kleinen Bruno ruhen, der neben mir auf dem Bauch liegt und schläft. Wenn Signor Bruno seinen Kaffee getrunken hat, wird er zu uns rüberkommen, mir über den Kopf streicheln, unserem Jungen ein Küsschen geben und was von meiner Granita abhaben wollen. Kriegt er. Aber nur, wenn ich mir an diesem Nachmittag nichts von dem alten Gebröck ankucken muss.

Granita (per due e un bambino)

300 ml *Wasser* erwärmen und darin 100 g *Zucker* auflösen. Abkühlen lassen. Mit *frisch gepresstem Zitronen-* und *Orangensaft* eine Art Limonade herstellen. (Das Süße-Säure-Verhältnis variiert immer ziemlich heftig, letztlich muss man das

einfach nach Geschmack machen.) In eine Schale geben und für 4 bis 5 Stunden ins Gefrierfach stellen. Spätestens jede Stunde umrühren, bis die Granita eine krisselige Konsistenz bekommt. Wenn man das Eis kratzen muss, ist es zu spät. Dann muss die Granita erst wieder ein bisschen antauen. Zum Servieren in Gläser abfüllen und mit frischen *Himbeeren* dekorieren.

SO SCHMECKT DIE LIEBE

Manchmal, wenn ich in der Küche bin und nachdenke, denke ich auch darüber nach, wie was genau schmeckt. Peperoncini zum Beispiel schmecken nach Leidenschaft. Das kann mal in Zorn kippen und mal in Freude. Tomaten schmecken nach Sommer, wenn man Glück hat und die richtigen erwischt. Frisches Brot schmeckt nach einer Bank vor einem Kachelofen. Und dann: die Liebe. Wonach schmeckt eigentlich die Liebe?

Das kann man so pauschal natürlich nicht sagen. Denn jede Liebe ist ja anders. Die eine schmeckt vielleicht nach Coffee to go, die andere nach Sonntagsbraten mit Klößen, eine dritte eventuell nach Gummibärchen. Vermutlich gibt es irgendwo sogar eine Liebe, die wie ein Stück altes Holz schmeckt.

Die Liebe zwischen Signor Bruno und mir schmeckt nach Panna Cotta. Hell wie das Licht, das sein tolles Grinsen immer wieder in mein Herz schüttet. Weich und weiß und ein bisschen altmodisch wie die ungebügelte Baumwollbettwäsche, in der wir morgens miteinander aufwachen. Leicht bittervanillig wie diese merkwürdige Toll-aber-Beziehung, die Deutschland und Italien miteinander verbindet. Und vielleicht stehen die kleinen schwarzen Vanillepunkte auch für die zwar wenigen, aber doch heftigen Kämpfe, die wir miteinander ausfechten. Die

Erdbeersauce dazu ist wie unser Humor: bodenständig und rustikal, man sieht und schmeckt die Fruchtstücke darin, und im Abgang ist das Ganze dann fast etwas schlicht und ganz bestimmt nicht jedermanns Sache, aber irgendwie hält sie die ganze Komposition zusammen. Die kleinen Schüsseln vom Flohmarkt, in denen ich meine Panna Cotta am liebsten mag, sind wie unsere etwas zu kleine Wohnung: Es geht schicker, durchdachter und mit viel mehr Platz, aber die Enge und die alten Möbel geben uns Halt und Geborgenheit und Schutz vor dem Leben da draußen.

Und für Panna Cotta braucht man ein bisschen Geduld. Sie verträgt keine Hektik. Sie entsteht, wie unsere Liebe anfing: ganz in Ruhe. Wir waren beide lange alleine gewesen, Signor Bruno zwei Jahre, ich drei. Aber weder er noch ich war dringlich auf der Suche nach jemandem. Da war höchstens das Gefühl: Jaaa, so langsam geht vielleicht wieder was.

Wir lernten uns im Vorübergehen kennen. Signor Bruno sagte »hallo«, grinste und kam von da an jeden Tag auf einen Kaffee vorbei. Mir war bald klar: Der will wohl irgendwas. Aber was? Ich war mir nicht sicher, ob ich gemeint sein könnte. Denn er ließ sich richtig schön Zeit, bevor er ernst machte. Zeigte erst mal einfach nur Präsenz.

Irgendwann, nach fast einem Monat und unserem täglichen Spiel aus Kaffee, Geplauder und einem herzhaften Grinsen zum Abschied, kam er abends zu mir zum Essen. Ich war nervös. Ich hatte Angst, dass ihm meine Pasta nicht schmecken würde. Sie muss wohl okay gewesen sein, denn er ist geblieben. Selbstverständlich und kommentarlos. Er war da und ging nicht mehr weg. So ist das eigentlich bis heute. Unser gemeinsames Leben wird von einer großen Portion Selbstverständlichkeit getragen. Es gibt da einfach nicht groß was nachzudenken.

Ein bisschen läuft das auch mit der Panna Cotta so. Sie bleibt eine ganze Zeit lang flüssig, und dann, von einer Minute auf die andere, stockt sie.

Man muss sich gar nicht groß darum kümmern, nur ab und an vorsichtig rühren. Und fast wie von selbst wird sie fest und glänzend und wunderbar stabil.

Panna Cotta (per noi due)

200 ml *Sahne* zusammen mit reichlich *Puderzucker* (bis die Sahne richtig süß ist) und dem Mark einer *Vanilleschote* in einen kleinen Topf geben und bei niedriger Hitze 10 Minuten köcheln lassen. Immer wieder umrühren. Währenddessen zwei Blatt *Gelatine* für 5 Minuten in kaltem Wasser einweichen.

Den Topf vom Herd nehmen und etwas abkühlen lassen. Die Gelatine in die Sahne geben und unter Rühren auflösen.

Das Ganze in kleine, kalt ausgespülte Förmchen (oder Tassen) gießen. Im Kühlschrank etwa 5 Stunden gut kühlen und fest werden lassen.

Zwei gute Handvoll frische (oder gefrorene) *Erdbeeren* waschen, und auch die wieder mit reichlich Puderzucker (es handelt sich hier ja schließlich um

eine Süßspeise) in einem kleinen Topf so lange kö-
cheln lassen, bis die Beeren weich sind und eine Art
Sauce oder Kompott entstanden ist.
Die fertige Panna Cotta auf Teller stürzen und mit
der Erdbeersauce servieren. Und dann: Auf die
Liebe!

Danke

Werner Löcher-Lawrence, Iris Hechenberger, Margit Ketterle.

Meinen Eltern, den unermüdlichen Babysittern und Testessern.

Und natürlich all den italienischen Verwandten und Freunden für Rezepte, Geschichten, Gesellschaft.